Georg Schwikart

Courage

Georg Schwikart

Courage

Mut für ein
freies Leben

Vier-Türme-Verlag

Bibliografische Information der Deutschen Nationalbibliothek
Die Deutsche Nationalbibliothek verzeichnet diese Publikation in der Deutschen Nationalbibliografie. Detaillierte bibliografische Daten sind im Internet über http://dnb.d-nb.de abrufbar.

1. Auflage 2013
© Vier-Türme GmbH, Verlag, Münsterschwarzach 2013
Alle Rechte vorbehalten

Lektorat: Dr. Ulrike Strerath-Bolz
Umschlaggestaltung: Thomas Uhlig, www.coverdesign.net
Umschlagmotiv: Tetra Images / f1online
Druck und Bindung: Friedrich Pustet KG, Regensburg
ISBN 978-3-89680-531-7

www.vier-tuerme-verlag.de

INHALT

Herzenssache

Ihr fliegen alle Herzen zu.
Mir rutscht das Herz in die Hose.
Ihm blutet das Herz.
Der bekommt einen Herzinfarkt!
Die kann sich in die Herzen der Menschen stehlen.
Da lacht das Herz im Leibe.
Wir sind ein Herz und eine Seele.
Das Herz schlug mir bis zum Halse.
Mein Herzblättchen.
Ach, diese Herzensgüte.
Ich hab da was auf dem Herzen.
Mir bricht das Herz.
Die hat das Herz auf dem rechten Fleck!
Kann man da sein Herz verlieren?
Mach aus deinem Herzen keine Mördergrube!
Das Herz auf der Zunge tragen.
Das ist ja herzergreifend.
Man muss ihn auf Herz und Nieren prüfen.
Das gibt mir einen Stich ins Herz.
Mir fällt ein Stein vom Herzen.
Ich bringe es kaum übers Herz.
Hast du ein Herz für Tiere?

In vielen Kulturen gilt das Herz als der Mittelpunkt des Menschen. Es enthält das »Herzblut«, den Lebenssaft. Es symbolisiert die Liebe und das Mitleid, wird als Wohnstätte sowohl des Gefühls als auch des Verstandes angesehen. Das Herz ist der Ort, an dem das Göttliche im Menschen seinen Platz findet.

Vom französischen Wort für Herz – cœur – leitet sich der Begriff Courage ab. Wer Courage hat, handelt »beherzt«. Verwandt mit der Courage sind der Mut, die Tapferkeit, die Kühnheit, der Schneid oder, wie wir umgangssprachlich auch sagen, der Mumm.

Heroisch, unerschrocken, tollkühn oder gar draufgängerisch: all diese Eigenschaften haben mit der Courage zu tun und beleuchten dennoch verschiedene Aspekte. War jemand tapfer in der Schlacht auf dem Felde oder ertrug er tapfer die Behandlung auf dem Zahnarztstuhl? Es braucht Mut, um vor dem Chef die Bitte um eine Gehaltserhöhung vorzutragen, es erfordert aber auch Mut, sich schützend vor einen Menschen ohne festen Wohnsitz zu stellen, der von betrunkenen Jugendlichen angepöbelt wird. Es zeugt von Courage, gegen die allgemeine Mehrheitsmeinung bei seiner eigenen Ansicht zu bleiben und diese zu verteidigen. Und dann gibt es sogar solche, die couragiert für ihre Ideale eintreten, gegen alle Widerstände, die dafür sogar Nachteile in Kauf nehmen, sich aufreiben, verzehren, gar den Tod riskieren.

Die Courage ist ein weites Feld. Sie berührt viele Lebensbereiche, kennt unterschiedliche Ausdrucksformen, zeigt ihr Gesicht mal lächelnd oder gar grinsend, mal bitterernst und kämpferisch. Es braucht, wie Immanuel Kant sagt, den Mut, sich seines eigenen Verstandes zu bedienen.

Courage hat man nicht jeden Tag gleich viel. Manche vielleicht nur einmal im Leben, in einem entscheidenden Augenblick. In diesem Buch nähere ich mich der Courage als Lebenshaltung an – nicht im Stile einer systematischen Abhandlung, sondern mäandernd wie ein Fluss, tastend, erzählend, fragend. Ich erzähle von couragierten Frauen und Männern, die mutig waren – aber auch langmütig, demütig, übermütig ...

Meine Leserinnen und Leser lade ich ein, mich zu begleiten und dabei eigene Ansichten und Erfahrungen einzubringen. Vielleicht rufen die hier zusammengetragenen Gedanken und Texte bei Ihnen ja Erinnerungen wach oder Widerspruch hervor. Schön wäre es, wenn die Lektüre ermutigen würde, so viel Courage aufzubringen, wie wir es eigentlich wollen.

»Der Geist will uns Mut machen, aus uns herauszugehen, aufeinander zuzugehen«, sagt Anselm Grün. Und Martin Luther hat behauptet, der Geist Gottes mache »den Menschen keck, fröhlich, mutig, ja beflügelt ihn zu einer heiteren Dreistigkeit«.

Ich mache mich auf den Weg.
Ich sage nicht: Alles soll bleiben, wie es ist.
Ich sage nicht: Man kann ohnehin nichts ändern.
Ich sage nicht: So ist nun mal die Welt.
Ich mache mich auf den Weg.

Ich bin kein Held

Tapferes Kerlchen

Kein Blatt mehr an den Zweigen
Schnee auf den Ästen
doch ganz oben,
wo selbst die Leiter nicht hinreicht
ein gelb-rötlicher Apfel
klein, aber er trotzt.

So möchte ich sein.

Ja, so möchte ich sein. Aber so bin ich oft nicht. Manchmal schon. Und heute mehr, als ich es früher war. Mein Mut hat sich entwickelt. Mitunter überrascht mich meine eigene Courage. Und dann wieder wundere ich mich, wie verzagt ich doch sein kann.

Ja, was denn nun? Ist jemand ein mutiger Mensch oder nicht?

Ich bin überzeugt, so kann man die Sache nicht verstehen. Den einen verlässt der Mut in der Krise. Dem anderen wächst er zu, obwohl man es ihm (und dieser Mensch es sich selbst) nicht zugetraut hätte. Das Alter macht die eine kleinmütiger, die andere ermutigt es,

Dinge zu tun oder zu sagen, die sie früher nicht gewagt hätte.

Die Lebenserfahrung weitet den einen, macht den anderen eng. Und auch während unseres Lebensweges kennen wir Phasen, in denen wir unbändig drängen: Was kostet die Welt? Oder wir winken müde ab; ohne Elan lassen wir etwas passiv geschehen, statt aktiv zu agieren.

Ich bin bis heute kein Held. Und doch habe ich eine Entwicklung durchgemacht. Mein Mut fing schüchtern an. Das Fränzchen kletterte auf jeden Baum. Ich nie. Ich traute mich nicht. Hatte Angst, runterzufallen. Wenn wir im Sommer abends um fünf den Abenteuerspielplatz am Stadtrand verlassen mussten, weil der bärtige Sozialarbeiter Feierabend machte, dann wusste der kleine Franz, wie man durch ein Loch im Zaun wieder hineinkriechen konnte. Ich fürchtete, das würde Ärger geben. Wollte Fränzchen davon abhalten. Und folgte ihm dann natürlich doch.

Thomas war ein super Schwimmer. Er sprang vom Dreimeterbrett, als wäre das nichts. Zehn Mal hintereinander. Als ich da oben stand, meinte ich, in den Schlund der Hölle zu blicken – diese Tiefe! Ich stieg die Metallleiter des Sprungturms wieder hinunter. Es war rasend peinlich, an den Leuten vorbeizugehen. Nur einmal wagte ich es zu springen, für das Abzeichen des Fahrtenschwimmers.

Michael hat mal im Büdchen ein Mickymausheft mitgehen lassen, Frank im Supermarkt eine Rolle Drops. In meine moralische Verurteilung der Diebstähle mischten sich heimliche Anerkennung und das sichere Wissen, ich hätte es nicht getan – und nicht nur aus moralischen Gründen. Reinhard fuhr ohne Ticket im Bus; ich starb beinahe vor Angst schon, als ich merkte, ich hatte die Monatskarte zu Hause vergessen. Was würde der Kontrolleur wohl sagen?

Was sollte ich machen, ich war ein eher ängstliches Kind. Nicht verhuscht und verschreckt, aber vorsichtig. Bis ich neun war, hielt mich der Respekt vor dem Feuer davon ab, eine Kerze anzuzünden. Mit zehn machte mir das Zündeln Spaß, ich betrachtete gebannt die bläuliche Flamme, die entsteht, wenn man 4711 auf dem Rand des Waschbeckens entzündet. Im Notfall wäre das Löschwasser aus dem Hahn gekommen.

Ich war eben im wahrsten Sinne des Wortes ein Spätzünder. Keine erste Zigarette auf der Klassenfahrt. Kein Bier auf der Kirmes. Harmlose Sachen, ja. Klingelmännchen, am fremden Haus schellen und dann weglaufen. Oder – als beim Telefonieren noch keine Nummern übertragen wurden – ein Anruf bei Frau Pott: »Guten Tag, hier spricht Ihr Deckel.«

Für manches war ich aber eben auch schlicht zu feige. Die Mutproben meiner Kindheit habe ich nicht bestanden. Ich bin gar nicht erst angetreten. Dazu war ich völlig unsportlich, mir mangelte es an Wissen im Bereich Auto und Technik, ich konnte nicht vernünftig Schach und schon gar nicht Cello spielen. Ich besaß kein Kettcar, keinen Chemie-Baukasten, keinen Kassettenrekorder und nur ein altes, klappriges Fahrrad. Also keines der Statussymbole für Grundschüler der Siebzigerjahre.

Aber ich besaß etwas viel Wertvolleres. Damals hatte ich kein Wort dafür. Heute nenne ich es Grundvertrauen. Ich wusste, meine Familie ist immer für mich da. Ich fühlte mich symbiotisch mit ihr verbunden. Ich war ein gleichwertiger Teil dieses Gebildes, kein Anhängsel (obwohl das jüngste von sieben Kindern). Ein im wahrsten Sinne unbeschreibliches Gefühl, und seinerzeit wahrscheinlich nicht mal ein Gefühl. Einfach ein Sein.

Und da war noch was. Gott. Der war da. Wie Mutti. Wie die Geschwister. Wie Fränzchen. Aller Furcht in konkreten Situationen zum Trotz: Vor dem Leben fürchtete ich mich nicht. Im Gegenteil. Ich war neugierig, optimistisch, auf eine gewisse Art sogar mutig. So ist es bis heute.

Fliegen können

Von Balkon zu Balkon oder vom Balkon in den Pool: Diese waghalsigen Sprünge sind ein beliebter Ferienspaß bei Touristen an der spanischen Küste – teils mit fatalen Folgen. In Lloret de Mar sprang jetzt ein Abiturient aus Hessen aus dem siebten Stock und starb. Der vierte Todesfall in dieser »Balconing-Saison«, wie die Spanier sie nennen.

So lautet eine Tagesschau-Meldung vom 13. Februar 2013. Pro Jahr gibt es viele Dutzend Unfälle bei diesen wahnwitzigen Aktionen. Wenn sie halbwegs glimpflich ausgehen, kommen die Springer mit Knochenbrüchen davon. Aber tragischerweise sterben auch jedes Jahr rund zehn Menschen dabei.

Die meisten der Leichtsinnigen kommen aus Deutschland oder Großbritannien – und sind in der Regel stark alkoholisiert oder stehen unter anderen Drogen. Der Rausch trübt die Fähigkeit, Gefahren zu erkennen; sie haben jeden Sinn für das Risiko verloren. Aber erklärt das schon, warum sie sich in diese Gefahr begeben?

Roland Börck meint in einem Internetkommentar: »Kitesurfen, Bungeejumping, Parcouring? Wie langweilig. Wer den richtigen Kick sucht, muss sich schon etwas mehr einfallen lassen. Hoch im Kurs steht bei einer speziellen Gruppe von jungen Männern der freie Flug von einem Balkon in einen Swimmingpool, die wahre Mutprobe für echte Kerle. Betttücher werden als Fallschirme genutzt, Luftmatratzen als Landekissen.«

Das hat mit Mut nichts mehr zu tun, das ist reine Dummheit. Was für eine tragische Verwechslung. Ich will den Verunglückten kein Unrecht tun (und sie rühren auch mein Mitleid), aber ich stelle mir vor, dass diese Burschen vielleicht nicht einmal tapfer genug waren, um eine Beziehung mit der Freundin von Angesicht zu Angesicht zu beenden – sondern, dass sie das feige per SMS erledigten. Im Urlaub und betrunken meinen sie dann, sich und den anderen zeigen zu müssen, was für Helden sie sind – oder zu sein glauben. Den wahren Mut besitzt meiner Meinung nach, wer sich solchem Unsinn widersetzt, auch wenn die Freunde einen anstacheln oder gar als Feigling verhöhnen. Mutig ist man, wenn man Nein sagt.

Action-Filme und Computerspiele mögen den Wunsch wecken, auch selbst über endlose Kräfte und Fähigkeiten zu verfügen. Das Ergebnis der Selbstüberschätzung kann dann bitter ausfallen. Auch das Fernsehen trägt seinen traurigen Teil dazu bei, die Schaulust an solchem Irrsinn zu reizen und gewinnbringend zu befriedigen. Einer, der sich darauf einließ, ist Samuel Koch. Im Dezember 2010 trat der Schauspielstudent als Wettkandidat in der Fernsehshow *Wetten, dass ...?* an. Gegenstand der Wette war, dass der Kandidat mit Sprungstelzen im Vorwärtssalto nacheinander über fünf Autos zunehmender Größe springen sollte, die ihm einzeln entgegenfuhren.

Zum Unfall kam es beim vierten Fahrzeug, das ausgerechnet von seinem Vater gesteuert wurde. Samuel Koch stürzte und blieb regungslos am Boden liegen. Die Sendung wurde daraufhin erst unter- und dann abgebrochen. Der Dreiundzwanzigjährige wurde zunächst in Düsseldorf, dann in der Schweiz behandelt. Er ist vom Hals abwärts gelähmt.

Ich gestehe: Für seinen »Mut«, über fahrende Autos zu springen, kann ich Samuel Koch keine Anerkennung zollen. Aber wie er mit seiner Behinderung umgeht, dafür hat er meinen vollen Respekt. Da beweist er bewundernswerte Courage! Ein Buch erzählt von seinen »Zwei Leben« vor und nach dem Sprung. Darin wird berichtet, was er nicht mehr kann. »Aber er kann denken und fühlen. Und er kann hoffen.« Sein zweites Leben beginnt mit Schock, Verzweiflung, Schmerz und Wut. »Doch er trifft die Entscheidung, nicht aufzugeben. Und an dem Glauben festzuhalten, der ihn trägt. Das radikal ehrliche Zeugnis eines jungen Mannes, der nichts mehr zu verlieren hat und nur noch gewinnen kann. Eine Geschichte, die uns lehrt, die Kostbarkeit des Lebens neu zu schätzen.«

Mut haben und übermütig sein führt zum Tod
Mut haben und behutsam sein erhält das Leben
Der eine Fall ist heillos, der andere heilvoll
Nur wer weise ist, versteht den Lauf der Dinge
Darum greift er nicht ein
Die ewigen Gesetze der Natur lassen sich übertreten
Aber gewinnen doch immer
Sie lassen sich nicht hören, aber geben doch Antwort
Sie rufen nicht, aber jedermann begegnet ihnen
Wie ein Netz überspannt die ursprüngliche Ordnung
das Universum
Die Maschen scheinen weit, aber nichts kann da hindurch

AUS DEM TAO TE KING

Schopenhauers Sicht der Welt

Lebenshilfe-Literatur hat heute Hochkonjunktur. Diese Gattung ist allerdings weithin zum seichten »Fühl-dich-wohl«-Geschwätz verkommen, das ein glückliches Dasein ohne großen Aufwand verspricht.

Arthur Schopenhauer (1788–1860) weist den umgekehrten Weg. Seine Philosophie geht schließlich davon aus, dass unser ganzes Leben etwas sei, das besser gar nicht stattfinden würde. Da wir aber nun einmal sind, müssen wir unsere Jahre bewältigen. Seine Ratschläge schmähen schnelle Genüsse, verheißen aber demjenigen intellektuelle Freuden, der sich großen Mühen unterzieht.

Der pessimistische, mitunter sarkastische Zug seines Denkens mutet dem Leser einiges zu. Auch sein sprachlicher Stil fordert ganze Aufmerksamkeit. Ein Aphorismus ist ja eigentlich ein Gedankensplitter, also etwas Kurzes und Prägnantes. Schopenhauers Essay *Aphorismen zur Lebensweisheit* verarbeitet zwar eine Unmenge von Sprichwörtern aus aller Welt, dazu treffende Sprüche großer Denker und Autoren oder solche der Bibel. Sein eigener Text jedoch windet sich manchmal in komplizierten Sätzen zu einem gehobenen Sprachstil empor, der heutigen Lesern aufgesetzt vorkommt.

Verschiedenes aus dem 1851 erschienenen Buch kann man heute immerhin noch mit historischem Interesse lesen, etwa sein Plädoyer gegen das zu seinen Lebzeiten noch übliche Duell. Wenn er sich dann aber gegen die Abschaffung der Prügelstrafe wehrt, weil das Prügeln doch zur Natur des Menschen gehöre, so müssen wir als Leser des 21. Jahrhunderts ihm nicht folgen. Auch seine herablassenden Gedanken über Frauen, Juden, »Neger« oder »Pfaffen« scheinen nicht geeignet, ihn als einen modernen Denker aufzufassen. Barmherzigkeit ist keine seiner Tugenden, und seine Arroganz ist mitunter schwer auszuhalten. Doch seine spitze Art, zu analysieren, beeindruckt auch.

So schreibt er über unser Thema Courage:

Nächst der Klugheit aber ist Mut eine für unser Glück sehr wesentliche Eigenschaft. Freilich kann man weder die eine noch die andre sich geben, sondern ererbt jene von der Mutter und diesen vom Vater: jedoch lässt sich durch Vorsatz und Übung dem davon Vorhandenen nachhelfen. Zu dieser Welt, wo »die Würfel eisern fallen«, gehört ein eiserner Sinn, gepanzert gegen das Schicksal und gewaffnet gegen die Menschen. Denn das ganze Leben ist ein Kampf, jeder Schritt wird uns streitig gemacht, und Voltaire sagt mit Recht: nur durch Gewalt erreicht man etwas in dieser Welt, und mit den Waffen in der Hand stirbt man. Daher ist eine feige Seele, die, sobald Wolken sich zusammenziehen oder wohl gar nur am Horizont sich zeigen, zusammenschrumpft, verzagen will und jammert. Vielmehr sei unser Wahlspruch:

Weiche den Übeln nicht aus,
sondern gehe ihnen mit höherem Mute entgegen.

Solange der Ausgang einer gefährlichen Sache nur noch zweifelhaft ist, solange nur noch die Möglichkeit, dass er ein glücklicher werde, vorhanden ist, darf an kein Zagen gedacht werden, sondern bloß an Widerstand; wie man am Wetter nicht verzweifeln darf, solange noch ein blauer Fleck am Himmel ist. Ja, man bringe es dahin zu sagen:

Selbst wenn die ganze Welt zusammenstürzt,
einen Unerschütterten werden die Trümmer treffen.

Das ganze Leben selbst, geschweige seine Güter, sind noch nicht so ein feiges Beben und Einschrumpfen des Herzens wert:

Drum als Tapfere lebt,
und werfet die tapfere Brust den Schicksalsschlägen
entgegen.

Und doch ist auch hier ein Exzess möglich: denn der Mut kann in Verwegenheit ausarten. Sogar ist ein gewisses Maß von Furchtsamkeit zu unserm Bestande in der Welt notwendig.

Arthur Schopenhauer selbst war kein umgänglicher Mensch, und sogar ihm wohlgesinnte Biografen müssen zugeben, dass er nicht alle seine Leitsätze selbst befolgt hat. Dieser Mann scheute Kompromisse, drückte sich in scharfen Worten aus und ließ kaum eine andere Meinung neben seiner eigenen gelten.

Entweder man wehrt sich gegen Schopenhauers Weltsicht und schärft dadurch die eigene Anschauung. Oder man findet bei ihm Erkenntnisse, die tatsächlich helfen, das Dasein auf Erden leichter zu meistern. Auf jeden Fall bietet er keine »Fünf-Minuten-Lebenshilfe«, sondern eine, die Zeit und Anstrengung fordert.

Kardinaltugend

Ja, natürlich hat Courage auch mit dem Glauben an Gott zu tun. Nicht in dem Sinne, dass die Christen einen Alleinvertretungsanspruch darauf hätten. Ganz und gar nicht – auf der ganzen Welt und in allen Kulturen gibt es couragierte Menschen.

Auch hat es Christen oft genug an Mut gemangelt – in der Welt, in der Kirche, in ihrem eigenen Leben. Aber die Courage gehört entscheidend zum Vertrauen auf Gott dazu. Zwar kommt das Wort »Courage« in der Bibel nicht vor, aber von Mut und Tapferkeit ist oft die Rede. Gott spricht den Menschen Mut zu, Jesus tut es, und auch die Christen verlangen voneinander, mutig zu sein. Eine Auswahl:

Hoffe auf den Herrn und sei stark!
Hab festen Mut und hoffe auf den Herrn!

PSALM 27,14

Sagt den Verzagten: Habt Mut, fürchtet euch nicht!
Seht, hier ist euer Gott! Die Rache Gottes wird kommen und
seine Vergeltung; er selbst wird kommen und euch erretten.

JESAJA 35,4

Jesus blieb stehen und sagte: Ruft ihn her!
Sie riefen den Blinden und sagten zu ihm:
Hab nur Mut, steh auf, er ruft dich.

MARKUS 10,49

Dies habe ich zu euch gesagt, damit ihr in mir Frieden habt.
In der Welt seid ihr in Bedrängnis; aber habt Mut:
Ich habe die Welt besiegt.

JOHANNES 16,33

Sie sprachen den Jüngern Mut zu und ermahnten sie, treu am
Glauben festzuhalten; sie sagten: Durch viele Drangsale müs-
sen wir in das Reich Gottes gelangen.

APOSTELGESCHICHTE 14,22

In der folgenden Nacht aber trat der Herr zu Paulus und sag-
te: Hab Mut! Denn so wie du in Jerusalem meine Sache be-
zeugt hast, sollst du auch in Rom Zeugnis ablegen.

APOSTELGESCHICHTE 23,11

Seid wachsam, steht fest im Glauben, seid mutig, seid stark!

1 KORINTHER 16,13

Und überhaupt, die Engel: Wo auch immer sie den
Menschen erscheinen, beginnen sie ihre Anrede mit
dem Satz: »Fürchte dich nicht!«

Die Tapferkeit zählt zu den vier Kardinaltugenden, von lateinisch »cardo«, »Türangel, Dreh- und Angelpunkt«. Sie sollen nicht nur von Kardinälen beherzigt werden, sondern gelten als Grundtugenden. Will sagen: ohne Tapferkeit läuft nichts.

Die frühen Christen haben sich bei ihrer »Sehnsucht nach Werten« auch an Erkenntnissen der Weisen ihrer Zeit orientiert, stellt Max Koranyi in seiner kleinen Abhandlung über die Tapferkeit, *Tugend zwischen Mut und Zivilcourage*, fest. Er schreibt:

Und so ließen sich schon die frühen Christengemeinden von den so genannten vier Kardinaltugenden inspirieren, die wohl auf den griechischen Philosophen Plato zurückgehen. Er nannte diese Säulen seiner Gesellschaft Weisheit, Besonnenheit, Gerechtigkeit und Tapferkeit. Sie sollten Basis seines Staatsmodells sein. In diesem Kontext verstand er unter dem Begriff Tapferkeit zunächst einmal die Tugend der Regierung, als aufmerksamer Wächter den Staat gegen Feinde von innen und außen zu beschützen.

Sein Schüler Sokrates öffnete die Bedeutung des Begriffes der Tapferkeit auch für das Leben außerhalb des militärischen Kampfes. Tapfer, so meinte er, könne man ebenso gut bei Krankheiten, bei Schicksalsschlägen oder in Armut sein. Noch heute sagen wir in diesem Sinne manchmal, dass jemand sein Leiden tapfer getragen hat. Die griechischen Philosophen legten dabei Wert auf eine Beharrlichkeit der Seele, der es gelän-

ge, auch schwierige Situationen mit solch einer Glaubensstärke bewältigen zu können.

Auch die römische Philosophie der Antike rang um Werte und Normen und setzte in ihrer Ethik auf die Tugend des Mutes. Seneca beispielsweise war ein Vertreter der Stoa. Nach stoischer Weltsicht gibt es Gutes, wie die Tugend, die sich in Klugheit, Gerechtigkeit, Mäßigung und Mut äußert, und Schlechtes, nämlich die Gegenteile der Tugend, also Torheit, Unrecht, Unmäßigkeit und Feigheit. Alles, was weder nützt noch schadet, sei weder gut noch schlecht: Leben, Gesundheit, Reichtum, Herkunft. – Eine These, die Widerspruch herausfordert, aber das wäre hier ein zu weites Feld.

Senecas Therapie für den Glück suchenden Menschen: Selbst denken, selbst urteilen, selbst handeln – und nicht blind der Masse folgen, nicht »infolge von Stumpfsinn und Mangel an Selbstbewusstsein« wie das Herdenvieh den Vorangehenden nachlaufen. Merke: Die Mehrheit ist kein Argument für die Wahrheit! Denn es »steht mit der Menschheit nicht so gut, dass das Bessere der Mehrzahl gefiele: die Menge ist ein Beweis des Verkehrtesten«. Eine elitäre Einstellung, könnte man meinen. Oder eine, die aus Erfahrung weiß: Mach dir nichts vor, das Glück ist nicht billig zu haben, du findest es nicht in Spaß und Wonne, sondern in der Tugend. Die allerdings verlangt dir einiges ab ... Nämlich: Courage!

Erfinder, Forscher, Entdecker

Bei Problemen mit dem Herzen kann die moderne Medizin heute auf standardisierte Verfahren zurückgreifen. Wissen und Erfahrung brauchte es für ihre Entwicklung, und Courage! Im Sommer 1929 schob sich der fünfundzwanzigjährige Assistenzarzt Werner Forßmann mit eigener Hand als erster Mensch einen Katheter von der Armvene aus bis in die rechte Herzkammer und dokumentierte dies mit einer Röntgenaufnahme. Sein Chef hatte ihm Patientenversuche in dieser Sache verboten, also wagte er den Selbstversuch.

1956 erhielt Forßmann gemeinsam mit zwei weiteren Ärzten den Nobelpreis für Medizin »für ihre Entdeckungen zur Herzkatheterisierung und zu den pathologischen Veränderungen im Kreislaufsystem«. Wie der junge Mediziner haben auch andere Naturwissenschaftler mutig Selbstversuche durchgeführt oder in großer Ausdauer ihre Forschungen vorangebracht, allem Misslingen und allen Unkenrufen zum Trotz, die ihnen das Scheitern prophezeiten. Nur deshalb sind heute viele Krankheiten heilbar, unsere Lebenserwartung ist rapide gestiegen und steigt immer noch.

Telefon und Computer, Auto und Raumfahrt – in diesen Erfindungen steckt unendlich viel Arbeit und

Begeisterung für die Sache. Frauen und Männer zeigten sich überzeugt: Es muss doch irgendwie gehen! Sie ließen nicht locker, bastelten und probierten unermüdlich, fingen nach jedem Misserfolg immer wieder von vorne an. Wie die französischen Brüder Joseph und Jacques Montgolfier, die den ersten Heißluftballon konstruierten; wie Bertha, die Ehefrau des Erfinders Carl Benz, die mit dem »Patent-Motorwagen« ihres Mannes die erste längere Autofahrt von Mannheim nach Pforzheim wagte; oder wie die amerikanischen Brüder Wright, die zu Pionieren der motorisierten Luftfahrt wurden. Dampfmaschine, Kugelschreiber, Fotoapparat – diese Dinge fielen nicht vom Himmel, sondern sind Frucht großer Ausdauer, großer Beharrlichkeit und der Fähigkeit, sich weder von Misserfolgen noch vom Gerede der anderen entmutigen zu lassen.

Schon die Architekten der alten Ägypter bewiesen Kühnheit, als sie die Pyramiden planten. Ihre Ideen umzusetzen, stellte einen enormen Kraftakt dar, dem wir heute noch Anerkennung zollen. Wir bewundern ebenso den Mut des portugiesischen Seefahrers Fernando Magellan, der 1519 für die spanische Krone zur ersten Weltumsegelung aufbrach. Immer schon gab es Menschen, die das Unbekannte reizte, die das Neue entdecken wollten, die dafür Unbequemlichkeiten und Gefahren auf sich nahmen. Sie alle haben unser Bild von der Welt geweitet.

Und dieser Prozess hört nie auf: Erfinder, Forscher, Entdecker werden immer gebraucht, ob sie sich nun als Zellbiologen mit den kleinsten Einheiten des Lebens befassen oder den Weltraum mit Teleskopen und Raumsonden erforschen. Manche gehen bisher noch nicht beschrittene Pfade, um die Klimaveränderung aufzuhalten oder das Welternährungsproblem in den Griff zu bekommen. In der Therapie Demenzkranker muss ebenso mutig ausprobiert werden wie in der Konfliktlösung zwischen Staaten. Die Geschichte lehrt uns: Pack's an, geh los, halt durch!

Das gilt auch im Kleinen: Mein Patenkind Miriam ging zum Studium nach Mexiko, ohne jemals dort gewesen zu sein. Ich bewunderte die junge Frau, denn sie traute sich was. Wie auch eine alte Dame aus dem Ort, in dem ich lebe: Eines Tages beschloss sie, nicht zu sterben, ohne vorher in New York gewesen zu sein. Sie sprach kein Englisch, aber sie machte sich tatsächlich auf den Weg nach Amerika. Etwas verrückt, könnte man meinen, und das war es wohl auch; vor allem aber bewies sie Courage. Solange sie lebte, zehrte sie von der Erinnerung an diese Reise in die Neue Welt – an eine Woche Abenteuer.

Er geht einfach weg

Schon Jesus kennt das Sprichwort: Der Prophet gilt nichts im eigenen Land.

Ob er sich darüber im Klaren ist, dass man ihn zu Hause ablehnen wird? Er kommt nach Nazareth zurück, in den Ort, wo er aufgewachsen ist, der Sohn des Zimmermanns. Ein unbedeutender Ort. Die Bibel des Alten Bundes erwähnt ihn nicht einmal.

Jesus kennt diese Stadt, ihre Straßen und Gassen. Und er kennt die Menschen, die hier leben; es sind höchstens fünfhundert. Er weiß um ihren Realitätssinn und Pragmatismus. Um ihre Frömmigkeit.

Auch Jesus ist fromm. Gewiss geht er am Sabbat in die Synagoge. Das ist für einen Juden selbstverständlich. Ob die Männer dort ihn mustern? Ach, der Jesus ist wieder da. Seltsamer Typ. Einer von uns, aber er hält sich für was Besseres.

Jeder erwachsene Mann darf im Gottesdienst am Feiertag aus der Heiligen Schrift vorlesen. Jesus steht auf, man gibt ihm die Schriftrolle mit dem Buch des Propheten Jesaja. Jesus liest vor, was da steht: »Der Geist des Herrn ruht auf mir; denn der Herr hat mich gesalbt. Er hat mich gesandt, damit ich den Armen eine gute Nachricht bringe; damit ich den Gefangenen die Entlassung verkünde und den Blinden das Augenlicht; damit ich die Zerschlagenen in Freiheit setze und ein Gnadenjahr des Herrn ausrufe.«

Man hört ihm aufmerksam zu. Er liest anders als die anderen. Es liegt nicht nur an der Betonung, dass man denkt: Wir alle kennen diese Stelle – aber sie klingt heute so neu! Jesus schließt die Schriftrolle, gibt sie dem Synagogendiener zurück und setzt sich.

Da muss noch was kommen. Alle sehen ihn an. Sind gespannt, was er sagen wird. Jesus wählt wenige, aber klare Worte: »Heute hat sich das Schriftwort, das ihr eben gehört habt, erfüllt.« Er schaut seine Zuhörer an. Sie glauben ihm sofort. Sie spüren, Jesus hat mit den Worten des Propheten von sich selbst gesprochen.

Er erntet Zustimmung, sogar Beifall. Die Augen der Leute leuchten. Wie gut er reden kann!, staunen sie. Wir verstehen, was er sagt!, freuen sie sich. Dabei ist er doch Josefs Sohn, einer von ihnen. Sie kennen ihn seit seiner Kindheit. Sahen ihn aufwachsen, größer werden, reifer. Wie er jetzt da sitzt und spricht – Kompliment!

Da entgegnet er ihnen: »Sicher werdet ihr mir das Sprichwort vorhalten: Arzt, heile dich selbst! Wenn du in Kafarnaum so große Dinge getan hast, wie wir gehört haben, dann tu sie auch hier in deiner Heimat!«

Auf den Gesichtern erstirbt manches Lächeln. In der Stimme Jesu schwingt so ein ernster Unterton mit. Und er setzt noch hinzu:

»Amen, das sage ich euch: Kein Prophet wird in seiner Heimat anerkannt.«

Einer der Männer schüttelt den Kopf, ein anderer verschränkt die Arme. Eben noch war die Stimmung so großartig, und nun kippt sie. Warum geht Jesus die Gläubigen so an? Sie müssen sich angegriffen fühlen. Schon fährt Jesus fort: »Wahrhaftig, das sage ich euch: In Israel gab es viele Witwen in den Tagen des Elija, als der Himmel für drei Jahre und sechs Monate verschlossen war und eine große Hungersnot über das ganze Land kam. Aber zu keiner von ihnen wurde Elija gesandt, nur zu einer Witwe in Sarepta bei Sidon.«

Ein starkes Stück! Ja, es gibt diese Geschichte in der Bibel, peinlich genug. Alle kennen sie. Es hätte ja auch in Israel genügend Witwen gegeben, doch Elija geht ins Land der Heiden. Was soll das, weshalb tischt Jesus seinen Leuten diese Schmach noch einmal auf?

Da wird noch eins draufgesetzt: »Und viele Aussätzige gab es in Israel zur Zeit des Propheten Elischa. Aber keiner von ihnen wurde geheilt, nur der Syrer Naaman.« Jetzt ist jedem klar, worauf Jesus hinauswill: Außerhalb von Israel wirkt der allmächtige Gott – aber nicht mehr unter seinem eigenen Volk. Welch eine Provokation!

Da braucht sich Jesus nicht zu wundern, dass die Leute in Wut geraten und aufspringen und schreien und schimpfen. Man hat es doch gleich gewusst, von dem ist nichts zu halten! Der hat wohl Spaß daran, die

Gemeinde seiner Heimat zu verhöhnen! Nestbeschmutzer! Unverschämtheit! Die Volksseele kocht. Man treibt Jesus zur Stadt hinaus bis zum Abhang des Berges, auf dem Nazareth gebaut ist. Es fehlt nicht viel, und man stürzte ihn hinab in den Tod.

Doch vor dem Letzten schreckt die aufgebrachte Meute zurück. Einen Augenblick lang ist es still, wie die Ruhe vor dem Sturm. Es braucht nur einer zum Angriff zu blasen, und schon rücken alle vor und stoßen diesen Querulanten in die Tiefe.

Jesus sagt nichts. Wehrt sich nicht. Bettelt auch nicht um Gnade. Schaut alle an. Und schreitet dann durch die Menge hindurch. Geht einfach weg.

Welch eine Courage!

Jesus ist anders

Für ein Buch über Jesus habe ich einmal sehr unterschiedliche Menschen um einen Beitrag gebeten –
Theologen und Dichterinnen, Politiker, Wissenschaftle-
rinnen und andere Leute. So konnte ich wunderbar unterschiedliche Zugänge zusammentragen.

Der Bestatter Fritz Roth war beeindruckt, dass Jesus
Christus einen Standpunkt hatte und den auch nicht
verließ, dafür sogar gestorben ist:

*Er hat sich hingestellt und den Menschen Orientierung gege-
ben, wie ein Leuchtturm in den Stürmen des Lebens. Und da
konnten die Stürme noch so sehr an seinen Fundamenten rüt-
teln, Jesus ist bei seinem Standpunkt geblieben.*

*Dass ein Mensch eine so feste Überzeugung haben kann,
macht mir persönlich Mut, gibt mir Kraft, wenn ich in Lebenssituationen gerate, in denen der Wind von vorne kommt, ich
mit meinen Ansichten anecke, auf Unverständnis stoße; dann
stehe ich und versuche, meinen Standpunkt zu halten und zu
vermitteln.*

Ja, das Evangelium zeigt uns Jesus als einen mutigen
Menschen. Schon als Zwölfjähriger diskutiert er mit
den Gelehrten in Jerusalem und reagiert auf seine be-

stürzten Eltern, die ihn nach der Wallfahrt in der Stadt suchen, ziemlich keck: »Wusstet ihr nicht, dass ich in dem sein muss, was meinem Vater gehört?«

Nach seiner Taufe wird Jesus in Versuchung geführt. Als er durch vierzigtägiges Fasten geschwächt ist, denkt der Teufel, leichtes Spiel zu haben: »Lass aus Steinen Brot werden«, schlägt er Jesus vor, oder »Stürze dich hinab, die Engel werden dich schon auffangen.« Seine Avancen gipfeln in dem Angebot: »Du kannst alles haben, wenn du mich anbetest.« Doch Jesus widersteht tapfer, pariert die dumm-gefährlichen Sprüche und bringt den Teufel dazu, von ihm abzulassen.

Couragiert überwindet Jesus die Maßstäbe des »Zeitgeistes« seiner Kultur. Eigentlich gehört es sich nämlich für einen frommen Gelehrten nicht, mit Sündern und Dirnen, mit Zöllnern oder Menschen des falschen Glaubens Umgang zu haben. Jesus lässt sich von diesen kleinkarierten Moralvorstellungen nicht abhalten. Er kommuniziert, mit wem er will. Er weicht der Auseinandersetzung mit den Pharisäern nicht aus; da wird argumentiert und gestritten. Und als er die Tische der Geldwechsler und Taubenhändler im Tempel umstößt, da wird er richtig wütend gewesen sein.

Hingegen ist er ganz still, als vor Pilatus über ihn verhandelt wird. »Bist du der König der Juden?«, fragt der römische Statthalter, und Jesus antwortete schlicht: »Du sagst es.« Auf die Vorwürfe und Anschuldigungen der Hohenpriester und Ältesten reagiert er gar nicht.

Jesus – der Supermann, dem gar nichts etwas anhaben kann? Nein, die Frohe Botschaft verschweigt nicht seine Angst und Pein, noch im Garten, kurz vor seiner Verhaftung, und vor allem später, als er schließlich am Kreuz hängt. Seine Freunde haben ihn im Stich gelassen. Schlimmer noch ist sein Aufschrei, das Gebet eines schrecklich Einsamen: »Mein Gott, mein Gott, warum hast du mich verlassen?«

Genau dieser Satz spricht die Autorin Iris Schürmann-Mock an: »Diese Wucht der Verzweiflung – authentisch, diese Einsamkeit – Grunderfahrung in jedem Leben. Das berührt mich und tröstet mich zugleich. Weil es so viele meiner Hoffnungen bestätigt: dass die Einsamkeit überwunden wird, wenn sie nur einmal ausgesprochen ist. Dass jede Veränderung in dem Moment beginnt, in dem man endlich auf dem Grund angekommen ist. Dass der radikale Mut zu scheitern den Neuanfang in sich trägt.«

Gott zu vertrauen, macht mutig

»Die Geschichte Israels wird weitgehend von Männern geprägt, seine Gesellschaftsordnung ist patriarchal. Dennoch finden sich an einigen Stellen der biblischen Geschichte heroische Frauen, die durch ihren Mut und ihre Courage, ihre Berechnung und Stärke Israels Geschichte mitbestimmen. Sie haben mit ihren heldenhaften Taten die Menschen ihrer Zeit offensichtlich so sehr beeindruckt, dass die Redakteure der Bibel nicht umhin konnten, sie in die Erzählungen des Alten Testaments mit aufzunehmen.«

Darauf macht uns Uwe Birnstein in seinem Buch *Das Beste aus der Bibel* aufmerksam. Zu den mutigen Frauen zählt zum Beispiel die Prostituierte Rahab, die Josuas Kundschaftern in Jericho Unterschlupf gewährt. Oder die Richterin Debora und die listige Jaël. Leider namenlos geblieben ist eine Frau, die beherzt den Angreifer Abimelech ausschaltet, indem sie ihm einen Mühlstein auf den Kopf wirft. Delila bringt Simson zur Strecke, Judith macht Holofernes einen Kopf kürzer, Ester bewahrt unzählige Juden, eigentlich das ganze Volk, vor einem Genozid. Nicht zu vergessen die Prophetin Mirjam. Birnstein betont, die eigentlichen Heldinnen seien die Mütter:

Maria, die Mutter Jesu, sticht hervor, weil sie viele Prüfungen des Lebens besteht. Zuerst vertraut sie einem Engel, der ihr eine ganz und gar unglaubliche Schwangerschaft ankündigt. Als ihr Junge sich tatsächlich als Gottes Sohn entpuppt, steht sie ihm bei bis zum Tod und lässt seine bisweilen unfreundlichen Anwürfe (»Was geht's dich an, Frau, was ich tue?«) in mütterlicher Geduld und Liebe abprallen. Auch in seiner schwersten Stunde, als er den grausamen Tod am Kreuz erleidet, bleibt sie in seiner Nähe.

Maria ist es, die im Magnifikat noch vor der Geburt Jesu den sozial-revolutionären Aspekt des Glaubens auf den Punkt bringt. Der mächtige Gott, singt sie, »vollbringt mit seinem Arm machtvolle Taten: Er zerstreut, die im Herzen voll Hochmut sind; er stürzt die Mächtigen vom Thron und erhöht die Niedrigen. Die Hungernden beschenkt er mit seinen Gaben und lässt die Reichen leer ausgehen«.

Das Neue Testament erwähnt noch eine Reihe von Frauen, deren Courage dargestellt wird. Die blutflüssige Frau etwa, der bisher niemand helfen konnte, und die sich nun traut, nahe an Jesus heranzukommen. Oder die Samariterin, die zwar weiß, dass ihre Volksgruppe in den Augen der Juden als falschgläubig betrachtet wird – dennoch verliert sie Jesus gegenüber nicht ihre Würde und das Selbstvertrauen. Die Frau, die Jesus die Füße salbt, obwohl man sich darüber mokiert; die Tradition sieht in ihr Maria Magdalena. Die Frauen, die unterm Kreuz aushalten, als die Apostel bereits stiften gegangen sind. Die Frauen, die in der Gründungsphase des Christentums aktiv waren bei der Ausbreitung des jungen Glaubens, wie Phöbe, Priska und Junia.

Beherzte Figuren und Personen finden wir zuhauf in der Heiligen Schrift: den kleinen David, der gegen den großen Goliath kämpft. Hiob, der im Leiden standhaft mit seinen Freunden und mit Gott streitet. Kohelet, den Prediger Salomonis, der sich tapfer den großen Lebensfragen stellt. Und natürlich hört der Mut der Glaubenden mit der biblischen Zeit nicht auf. Die Heiligen dienen uns ja als Vorbilder, weil sie als Märtyrer am Glauben festhielten bis in den Tod oder ihren Glauben unermüdlich mit Worten und Taten bekannten, um das Evangelium der Liebe Gottes über die weite Welt zu verbreiten.

Paradeexempel aus der Frühzeit der Kirche: Die Germanen beteten Götterbilder aus Stein, Metall oder Holz an. In Geismar stand damals eine große Eiche, die dem Gott Donar geweiht war. Eines Tages kam einer, der sagte: »Ich werde die Eiche fällen. Gibt es Donar, wird er mich bestrafen. Wenn er nichts unternimmt, dann gibt es ihn auch nicht.« Er schwang die Axt, die Eiche fiel – und nichts geschah! Aus dem Holz des gefällten Baumes baute er eine Kirche. Der Name dieses mutigen Mannes: Bonifatius. Der Name bedeutet: »der Gutes bringt«. Bonifatius hieß ursprünglich Winfried und stammte aus England. Als Bischof missionierte er im heutigen Hessen, Thüringen, Bayern und Franken. Er hat uns den Glauben an Jesus Christus gebracht. Man nennt ihn den »Apostel der Deutschen«.

Die Liste der Heiligen – ob nun im offiziellen Kalender verzeichnet oder nicht – ist lang. Teresa von Ávila, die forsche und fromme Nonne, ermutigt die Christen, der Suche nach Gott nichts vorzuziehen. Die unbequeme Frau geriet ins Visier der Inquisition – und lachte darüber. Allein der Name Jeanne d'Arc wurde zum Inbegriff von Courage. Thomas Morus wollte nie einer Sache zustimmen, die gegen sein Gewissen wäre. Und er hinterließ uns die lyrische Maxime: »Wer keinen Mut zum Träumen hat, hat auch keine Kraft zum Kämpfen.«

In ganz anderen historischen und sozialen Zusammenhängen bezeugten Dietrich Bonhoeffer auf evangelischer, Maximilian Kolbe und Josef Metzger auf katholischer Seite ihre Treue zu Christus. Als die Nationalsozialisten in Deutschland alle verfolgten, die anders dachten als sie, erhoben nicht viele ihre Stimme. Die meisten Deutschen schwiegen verängstigt, obwohl im Namen des Volkes auf einmal politisch Andersdenkende verhaftet und Juden, Sinti und Roma oder Behinderte sogar getötet wurden. Schließlich wurden alle Deutschen in den Zweiten Weltkrieg geführt.

Nicht alle waren damit einverstanden, aber die meisten hatten keinen Mut, etwas dagegen zu unternehmen. Auch die meisten Christen nicht. Die Kirchen waren keine Widerstandsbewegungen, auch wenn es in den Kirchen durchaus Menschen gab, die Widerstand leisteten – wie Sophie Scholl etwa. Sie besaß Mut: Gemeinsam mit ihrem Bruder Hans und anderen jungen Leuten gründete sie die Widerstandsgruppe »Weiße Rose«. Sophie Scholl spürte aus ihrem Glauben heraus, dass alle Menschen die gleiche Würde besitzen und dass es keine »Herrenmenschen« gibt. In der Universität München verteilte sie Flugblätter gegen Hitler. Sie wurde entdeckt und vier Tage später, am 22. Februar 1943, hingerichtet – erst zweiundzwanzig Jahre alt.

Auch in anderen Unrechtssystemen braucht es solche Leuchttürme der Courage. Von einem erzählte mir einmal eine bayerische Benediktinerin, die lange Jahre in Brasilien gelebt und gewirkt hatte. Sie kannte Dom Hélder Pessoa Câmara (1909–1999), den Erzbischof von Olinda und Recife, persönlich. Der Gründer der Lateinamerikanischen Bischofskonferenz galt als einer der bedeutendsten Kämpfer für die Menschenrechte in Brasilien. Er förderte die ersten kirchlichen Basisgemeinden und gehörte zu den profilierten Vertretern der Befreiungstheologie.

Die Mächtigen hielten ihn für einen Kommunisten, einfache Leute nannten ihn den »Bruder der Armen«.

Von der Kraft seines Vertrauens auf Gott zeugt eine wunderbare Anekdote:

Der Bischof lebte nicht in einem Palast, sondern in einem bescheidenen Haus in Recife. Dort klopfte während der Zeit der Militärdiktatur, in der immer wieder Menschen verschwanden, eines Nachts eine Frau an. Sie hatte ihre Kinder dabei.

»Man hat meinen Mann weggeholt«, klagte sie Dom Hélder Câmara, »ohne Grund.«

Der Bischof machte sich sofort mit der Frau und ihren Kindern auf den Weg zur Polizei. Dort grüßte man den kirchlichen Würdenträger zunächst ehrerbietig und überrascht. »Ihr habt meinen Bruder eingesperrt!«, sagte Câmara.

»Aber nein«, wies man ihn zurück, »der Mann heißt doch ganz anders.«

»Ihr habt meinen Bruder eingesperrt!«, wiederholte Câmara.

»Aber nein«, wiederholten auch die Polizisten, »der Mann sieht ganz anders aus als Sie.«

Daraufhin antwortete der Bischof. »Und er ist doch mein Bruder: die Mütter sind zwar verschieden, aber der Vater ist der gleiche.«

Der Mann wurde freigelassen.

Solche Bischöfe brauchen wir heute! Solche Frauen und Männer, wie die Mutigen aus der Bibel und der Kirchengeschichte! Und: es gibt sie! Jetzt und hier. Mit ihrem Bekennermut und ihrer Zivilcourage schmückt sich die Kirche gern. Wenn Christen für Frieden, Gerechtigkeit und die Bewahrung der Schöpfung einstehen, genießen sie überwiegend Unterstützung und Anerkennung der institutionalisierten Kirche.

Anders sieht es jedoch aus, wenn die Kirche selbst zum Thema wird. Wer gleiche Teilhabe von Frauen in der Kirche fordert (und das heißt nun mal nichts anderes als: die Weihe), gerät in Konflikt mit der katholischen Hierarchie. Wer die Unaufrichtigkeit kritisiert, die der Pflichtzölibat mit sich bringt, muss sich auf Ärger einstellen. Über bestimmte Reizthemen offen diskutieren zu wollen (Umgang mit Schwulen und Lesben, wiederverheirateten Geschiedenen, Ökumene), kann für Katholikinnen und Katholiken schmerzhaft sein: Dann wird ihr Mut ausgebremst, dann wird Gehorsam eingefordert.

Das ist nicht nur in Fragen der kirchlichen Struktur und Organisation so, sondern auch, wenn es ans theologische Eingemachte geht. Vieles hat die Überlieferung über Jahrhunderte transportiert – aber heute müssen wir feststellen: Die Formeln und Dogmen sind zwar geblieben, die Inhalte aber verdunstet. Man kann dann eine »Glaubenskrise« diagnostizieren und beklagen, die Gläubigen seien von der reinen Lehre abgewichen. Oder man wagt den Weg ins Neuland und spricht offen über den klaffenden Graben von Anspruch und Wirklichkeit.

Der evangelische Theologe Klaus-Peter Jörns beschäftigt sich seit Langem mit diesem Phänomen und fordert ein »Update für den Glauben«. In seinem gleichnamigen Buch beklagt er, es sei »tragisch, wie viel Kraft die Kirchen mit den Bemühungen vergeudet haben, biblisch fundierte Lehrgebäude gegen den kulturellen und wissenschaftlichen Wandel zu verteidigen und die dadurch erzeugten Probleme bei der Bibelauslegung in Predigt und Unterricht zu bearbeiten. Umso mehr gilt es, sich dem im Geist gegenwärtigen Gott zuzuwenden und unsere Überlieferungen historisch- und theologisch-kritisch zu lesen.«

Die ängstliche Meinung, so Jörns, nur durch eine inhaltlich unveränderte Glaubensgestalt könnten die Kirchen Profil und gesellschaftlichen Einfluss retten, habe sich als völlig falsch erwiesen. Denn tatsächlich verlören die Kirchen immer mehr an Einfluss, weil sie entgegen der Bezeichnung »Volkskirchen« eine Sonderwirklichkeit verwalteten. Jörns: »Sie tragen immer weniger zum Verständnis des Lebens bei. Inhaltlich hat der dogmatisch festgeschriebene Glaube nicht mehr viel zu tun mit dem, was das ›Kirchenvolk‹ und die Pfarrerschaft mehrheitlich glauben.«

Ein Zukunftsthema, ein Überlebensthema! Es fordert unsere Courage! Jetzt! Nicht einfach weitermachen, solange es noch irgendwie geht. Handeln! Bevor der Auszug aus den Kirchen eine Dimension erreicht hat, die das Christentum als Sekte zurücklässt.

Opfergabe

die Frommen mögen den
der mutig Gott entgegentritt
der Anmaßung bezichtigen

wird er nicht dankbar sein
dass man ihn überhaupt
noch ernst nimmt?

meine bittere Rede
bringe ich als Rauchopfer dar
alles, was ich zu fragen habe
nicht weniger also
als mich selbst

Auf den Spuren eines Heiligen

Ein anderes Leben ist möglich – das zeigt auf beeindruckende Weise die dramatische Lebenswende des Franz von Assisi zu Beginn des 13. Jahrhunderts. Der Sohn eines Tuchhändlers merkt, dass ihn sein müßiges Dasein im Reichtum unerfüllt lässt. Eine Kriegsverwundung stürzt ihn in eine Krise. In der kleinen Kirche von San Damiano bei Assisi glaubt er den Auftrag zu hören: »Geh, Franziskus, und stelle mein Haus wieder her, das vom Zerfall bedroht ist.« Franziskus nimmt dies wörtlich und beginnt, Steine und Kalk für die verfallene Kirche zu erbetteln. Sein Vater ist entsetzt: Er erteilt Franziskus Hiebe und sperrt ihn ein. Seine Mutter lässt ihn schließlich wieder frei.

Daraufhin verklagt der Vater seinen eigenen Sohn. Der Prozess wird im April 1207 vor dem Bischof der Stadt Assisi ausgetragen. Franziskus verzichtet auf das väterliche Erbe und jeden irdischen Besitz – und dann zieht er sich nackt aus, um dem leiblichen Vater auch das letzte Hab und Gut zurückzugeben. Er ist jetzt ganz frei.

Später, kurz vor seinem Tod, preist Franziskus in seinem »Sonnengesang« die ganze Schöpfung und nennt Sonne, Mond, Wasser, Feuer, Blumen, sogar den Tod seine Schwestern und Brüder.

Die couragierte Radikalität des Franziskus hat bereits zu seinen Lebzeiten Anhänger bewogen, es ihm gleichzutun. Aus dieser Bewegung entstand der Franziskanerorden, der sich in verschiedenen Bereichen engagiert: Erziehung, Mission, Hilfe für Menschen am Rande der Gesellschaft.

Einer, der Franziskus folgt, ist Pater Laurentius Ulrich Englisch OFM. Er ist sich sicher: Auch wenn der Orden mittlerweile schrumpft, so wird doch die franziskanische Idee vom einfachen Leben mit Gott, mit den Menschen und mit der Natur immer Anhänger finden. Pater Laurentius sieht in den alternativen Bewegungen der heutigen Gesellschaft Geistesverwandte, wenn sie sich für die Gerechtigkeit oder den Umweltschutz einsetzen. Franziskus nämlich mahnte, keinen Baum so zu fällen, dass er nicht wieder austreiben kann.

Pater Laurentius ist ein namhafter und international bekannter Künstler; er lebt im Franziskanerkloster Hürtgenwald-Vossenack in der Eifel. Seine Skulpturen, Plastiken, Bilder und Glasfenster sind in vielen Gotteshäusern und kirchlichen Gebäuden zu finden. Mit den Ausdrucksformen der Kunst transportiert er die Botschaft des Glaubens. Der Künstler, der einst in Düsseldorf bei Joseph Beuys studierte, sagt schmunzelnd: Wenn ich nicht Künstler geworden wäre, hätte ich auch Straßenfeger werden können. Aber Franziskaner zu werden, dazu gab's für ihn keine Alternative!

Geboren 1939 im schlesischen Beuthen, litt er – wie ungezählte andere Deutsche und Polen damals auch – unter dem stalinistischen Kommunismus der Nachkriegszeit. Die Institution Kirche war vielen Menschen in diesen Jahren eine Zuflucht, ein Ort der Freiheit und Selbstverwirklichung. 1954 zog seine Familie in den Westen, nach Düsseldorf. 1962 trat Laurentius in den Franziskanerorden ein, zuvor jedoch besuchte er noch Italien und studierte die Werke der großen Maler in Mailand, Florenz, Rom und Assisi. 1968 wurde er zum Priester geweiht.

Berufstätig war er dann Jahrzehnte lang als Studiendirektor an einer Schule seines Ordens, und dort mit einem Mitbruder zuständig für fast neunzig Jungen. Laurentius wundert sich rückblickend: »Mit so vielen pubertierenden Jugendlichen zu leben, das war unheimlich anstrengend. Und doch ging es immer fröhlich weiter; irgendwie unbegreiflich!« Nebenher ging der Pater seiner künstlerischen Tätigkeit nach, wirkte als Seelsorger in Pfarreien, bei Wallfahrten und im Altenheim. Der nun über Siebzigjährige blickt gelassen auf sein Leben zurück und sagt: »Das Wunderbare an diesem Leben ist und war, dass ich all die vielen Aufgaben gerne machte und alle meine Zuwendung hundertfach zurückstrahlte.«

Leicht hatte es der Mann nicht; seine Mitbrüder wussten entweder seinen Wert als Künstler nicht zu schätzen, oder sie konnten mit seinem Erfolg nicht umgehen. Doch allen Schwierigkeiten zum Trotz blieb Laurentius ein in sich ruhender Christ, der heiter erzählen und eine Begebenheit wie diese aufschreiben kann: »Zu meiner Internatszeit fuhr ich jeden Tag einen kranken Mitbruder mit dem Rollstuhl aus. Die Schüler wollten wissen, worüber wir eigentlich die ganze Zeit reden. Ich antwortete: Da der Bruder von Natur aus recht schweigsam ist, wechseln wir alle fünf Minuten das Thema und schweigen von etwas anderem.«

Mutige Begegnung

Manche Zeitgenossen denken, Religion sei etwas für Ängstliche. Ich sehe das anders: es braucht auch Mut, sich auf die Suche nach Gott einzulassen und die Vorstellung aufzugeben, wir Menschen hätten alles selbst in der Hand.

Das Christentum ist eine Mutmachreligion. Gottlob (im wahrsten Sinne) verschweigt die Heilige Schrift aber nicht die Erfahrung der Mutlosigkeit. So wird zum Beispiel offenherzig von Jona berichtet, der nicht unbedingt darauf brennt, als Prophet zu wirken – und feige fliehen will. Jeremia versucht, sich herauszureden, als er berufen wird: er sei doch noch so jung.

Von den Israeliten heißt es im Buch Judith (7,19), sie »aber schrien zum Herrn, ihrem Gott. Sie hatten allen Mut verloren, da sie ringsum von ihren Feinden eingeschlossen waren und es kein Entrinnen mehr gab«. – In einer solchen Lage ist ihre Mutlosigkeit durchaus nachvollziehbar. Dass die Jünger Jesu ihren Herrn im Garten Gethsemane allein ließen, als die römischen Soldaten anrückten, ist bitter, aber sie fürchteten sich eben, wer wollte über sie richten? Und gerade Petrus, der erste der Apostel, verleugnet in dieser Nacht denjenigen, für den er einst bereit gewesen war, sein altes Leben aufzugeben, um ihm nachzufolgen. Das Evangelium verschweigt dieses peinliche Versagen nicht. Zum Glück.

Die Angst verfügt über gewaltige Macht. Sie macht Menschen misstrauisch, vorsichtig, zaghaft. Sie lässt sie Mauern errichten, um ihre Häuser, ihren Besitz, ihre Städte und Länder zu schützen. Um Eindringlinge abzuhalten. Und so errichten Menschen auch Mauern um sich selbst. »Mir kann niemand mehr wehtun«, denkt sich vielleicht jemand, der um sein Herz eine Bastion gebaut hat. Damit sich eine erlittene Verletzung nicht wiederholt, wagt er nicht mehr, einem anderen zu begegnen. Denn jede Begegnung birgt auch das Risiko, enttäuscht zu werden. Ohne Begegnung aber gehen wir ein. Martin Buber weiß: »Alles wirkliche Leben ist Begegnung.«

Begegnung aber erfordert Mut. Zeige dich, wie du bist – verletzlich, unvollkommen, inkonsequent, schwach. Kann sein, dein Gegenüber nutzt das aus. Es muss aber nicht so sein. Aufrichtige Begegnung auf Augenhöhe kann auch Gemeinschaft stiften, Kommunion. Ich wünsche sie mir mit Menschen, und ich wünsche sie mir mit Gott.

Bei meinen Begegnungen mit Gott mache ich meine eigenen Erfahrungen. Aber Glaube ereignet sich auch im Dialog mit den anderen Glaubenden. Mich interessieren ihre Erfahrungen. So frage ich immer wieder verschiedene Menschen, wie sie sich Gott vorstellen, was sie von ihm wissen, wie sie ihn gespürt haben. Meine Freundin Hanna Lena etwa lebt aus der Gegenwart Gottes, aber sie versucht, das Wort »Gott« zu vermeiden. Weil es einengt. Festlegt. Vier Buchstaben genügen doch nicht, diese Wirklichkeit zu fassen.

Gespräche über das, was uns unbedingt angeht – wie eben über die Liebe oder unseren Glauben –, verlangen nach Vertrauen. Sonst ist keine Offenheit möglich, und ohne Offenheit tauschen wir nur Formeln oder alberne Oberflächlichkeiten aus. Vertrauen allerdings kann man weder einfordern noch kaufen, sondern nur schenken. Man muss es wagen. Und das erfordert Mut.

Mut erfordert auch die Auseinandersetzung mit den gesammelten Gotteserfahrungen und Gottesbildern der Bibel. Eine beeindruckende, aber auch verwirrende Vielfalt wird da an uns herangetragen. Einmal tritt Gott wie ein Krieger auf, einmal wie eine Henne, die ihre Küken unter die Fittiche nimmt. Ist Gott beides? Oder ist eines dieser Bilder von ihm falsch? Sind beide nicht richtig?

Diese Wertung brauchen wir gar nicht vorzunehmen. Wichtig ist doch, welcher Art meine Begegnung mit Gott ist. Die Bibel kann helfen, sie zu deuten. Manchmal finden wir uns in einer biblischen Geschichte wieder. Machen wie das Volk Israel die Erfahrung der Befreiung. Verspüren Heilung, wie Jesus sie den Menschen schenkte. Hadern mit Gott, wie Hiob es tat. »Das kenne ich«, sagen wir dann.

Da gibt es aber auch Passagen im Buch der Bücher, die uns verschlossen bleiben. Wir gehen dann einfach über sie hinweg. Mit der Leidenschaft eines Paulus können und wollen heute die meisten Christen nicht mithalten; sie fühlen sich eher abgestoßen von seinem Eifer. Schließlich trennen uns von den Glaubenserfahrungen der Bibel auch Jahrtausende; wir leben in einer anderen Kultur – und das nach der sogenannten Aufklärung.

Aber es gibt auch Stellen, die trotz oder gerade wegen ihrer Fremdheit reizen. Für mich ist das die Episode, in der Abraham bereit ist, seinen Sohn Isaak zu opfern. Notabene, er hat nur dieses eine Kind. Erst im hohen Alter ist er Vater geworden. Da kommt Gott und gebietet: Opfere mir diesen Sohn. Und was tut Abraham? Er tut, wie ihm geheißen. Macht sich auf den Weg zur Opferstelle. Das Opfer selbst – Isaak – trägt das Holz für das Feuer auf dem Rücken. Der Junge fragt noch: »Vater, wo ist das Opfertier?«

Wir wissen, die Geschichte geht gut aus. Im letzten Moment, Abraham hält das Messer schon in der Hand, wird er von einem Engel Gottes daran gehindert, tatsächlich zuzustechen. Die Bibel selbst scheint vorzugeben, Gott habe doch nur den Gehorsam von Abraham prüfen wollen. Eine seltsame Aktion: Gott will sehen, wie weit der Mann geht. Und der Mann geht bis zum Letzten. Er hätte seinen Sohn getötet und gebraten. Dann wird eingegriffen, bevor ein Unglück geschieht.

Nun haben uns die Exegeten natürlich längst erklärt, eigentlich wolle diese brenzlige Situation nur eines exemplarisch klarstellen: der Jahwe-Glaube verbiete das Menschenopfer. Das beruhigt, immerhin. Es nimmt der Geschichte aber nicht ihre kranke Logik. Denn die besteht doch wohl darin, dass Abraham bereit gewesen wäre, zu tun, was Gott von ihm erwartete.

Ich glaube nicht an einen Gott, der so etwas will: »Schlachte deinen Sohn, mir zuliebe!« Ich kann nicht, ich will nicht daran glauben. Dagegen kann ich mir leider gut vorstellen, dass Menschen an einen solchen Gott geglaubt haben und es immer noch tun. Für mich ist das eine wahnsinnige Verzerrung der Botschaft des Glaubens.

Abraham verzehrt sich in seiner Unterwürfigkeit. Was er selbst fühlt und denkt, schätzt er gering. Er wird doch – wenn wir diese Geschichte einmal ganz ernst nehmen – als Vater gespürt haben, das geht nicht, das kann Gott nicht verlangen. Alles, aber nicht Isaak, den geliebten Sohn. Grausig ist eben nicht nur ein Gott, dem nach solchem Blut dürstet – grausig ist auch ein Untergebener, der bis zur Selbstaufgabe gehorcht.

Ich wünschte mir, Abraham hätte Nein gesagt: »Nein, Gott, hier ist Schluss!« Ich wünschte, er wäre mit Courage Gott entgegengetreten und hätte sich geweigert. Bei einem Rabbiner habe ich einmal eine Auslegung gelesen, die in diese Richtung geht: Gott hat Abraham die Chance gegeben, sich zu emanzipieren. Gott fordert das Unmögliche und ist dann entsetzt, dass Abraham tatsächlich bereit wäre, genau das umzusetzen. Dabei sollte Abraham doch eigentlich lernen, selbst Verantwortung für sein Leben zu übernehmen.

Mangelt es Abraham einfach an Mut? Dem großen Gott kann doch ein kleiner Mensch nichts entgegensetzen. Wer aber sagt, dass Gott es ist, der sich als der Große, Allmächtige und Herrliche verkaufen will? Sind es nicht nur die Menschen, die es nach Unterwerfung dürstet?

Die Publizistin Renate Hartwig hat ein kleines Buch über den Mut geschrieben. Es trägt einen programmatischen Titel, der auf einem Ausspruch ihres Vaters beruht, das Letzte, was er zu ihr sagte, bevor er starb. Ein Vermächtnis. Für uns alle: »Du hast nichts zu verlieren, außer deiner Angst.«

Der indische Philosoph Jiddu Krishnamurti sagt über die Angst:

Angst heißt Leiden.
Angst heißt Nicht-Akzeptieren was ist.
Angst existiert nur in Bezug auf etwas.
Angst entsteht im Kopf.
Einzig die Selbsterkenntnis kann euch vom Tod befreien.
Selbsterkenntnis ist der Beginn der Weisheit
und das Ende der Angst.

In diesem Sinne erzählt die Bibel von Menschen, die die Angst verloren oder überwunden haben. Die Fastenaktion »7 Wochen ohne« stand im Jahr 2013 unter dem Motto »Riskier was, Mensch! Sieben Wochen ohne Vorsicht«.

Arnd Brummer gibt zu bedenken: In der Bibel »wimmelt es von unvorsichtigen Männern und Frauen. Menschen, die übers Wasser laufen, Hochschwangeren, die auf Reisen gehen, ohne auch nur ein Hotel zu buchen. Da sind Leute, die von jetzt auf gleich Job, Haus und Hof verlassen, mittellose Witwen, die mächtigen Richtern auf den Wecker gehen, und ein unstudierter Wanderprediger, der es sich mit Staat und Klerus gleichzeitig verscherzt.«

Die Aktion ruft auf, sich vom Sicherheitsdenken zu befreien, denn:

Leben ist keine Versicherungsgesellschaft. Es wird unmittelbar und erfahrungsreich, wenn wir unsere Manschetten ablegen und Tacheles reden: eine offene Meinung wagen, auch wenn der Chef stirnrunzelnd danebensitzt; der Freundin mutig sagen, dass sie sich verrennt; dem Sprössling vertrauen, statt jeden seiner Schritte zu kontrollieren. Gemeinschaft entsteht da, wo wir unsere Vorbehalte und falschen Rücksichtnahmen ablegen und uns auch im Streit! auseinandersetzen und wieder zusammenraufen: in der Familie, in der Gesellschaft, in der Welt.

»7 Wochen Ohne« ruft ein Wort aus dem Buch Josua (1,9) ins Bewusstsein: »Siehe, ich habe dir geboten, dass du getrost und unverzagt seist.« Das kann man wohl übersetzen in: »Wage es, couragiert zu sein.« Sonst bleibt einem nur das tragikomische Resümee Karl Valentins: »Mögen hätt' ich schon wollen, aber dürfen hab ich mich nicht getraut!«

Kopf beschleiert – der Blick aber klar

Ordensleute leben nicht über den Wolken, und dennoch unterscheidet sich der Alltag hinter Klostermauern vom Leben »draußen in der Welt«. Für ein solches Leben in Ehelosigkeit, Armut und Gehorsam hat sich auch Schwester Maria Teresa Westermeier entschieden. Sie ist zurzeit Priorin des Klosters St. Ursula in Donauwörth. Dort hatte 1839 der Dominikanerinnenorden eine Mädchenschule gegründet, in der heute noch zwei Schwestern unterrichten. Der Ordensgründer Dominikus – er lebte und wirkte von 1170 bis 1221 in Spanien, Südfrankreich und Italien – legte großen Wert auf Bildung, besonders im theologischen Bereich. Diesem Erbe fühlen sich die weiblichen und männlichen Dominikaner bis heute verpflichtet. Bei aller Tätigkeit ist der Orden doch kontemplativ ausgerichtet. Das Motto dominikanischen Lebens lautet: »Schauen und betrachten, und das daraus empfangene Leben werden lassen und weitergeben.«

Schwester Teresa ist mit ihren einundfünfzig Jahren eine noch relativ junge Frau im Orden. Passt denn eine Existenz als Nonne überhaupt noch in unsere Zeit? Schwester Teresa ist davon überzeugt, denn sie beobachtet, dass viele Menschen sich in der heutigen lauten Zeit nach Stille und Besinnung sehnen. Sie glaubt, die Ordensleute müssten mehr und mehr Orte schaffen, wo Menschen zu sich selbst kommen und Gott wieder finden könnten. Außerdem sollte ihre Lebensweise ein Zeichen dafür sein, dass Geld, Erfolg im Beruf und Schönheit des Körpers nicht das ganze Leben ausmachen. Damit das auch sichtbar werden könne, trügen viele Ordensleute noch ihr Ordensgewand.

Das ist zumindest bei den Dominikanerinnen nicht ohne Tücken. Der Schleier, durch ein Haarband mit Klammern festgehalten, kann im Sommer ganz schön heiß werden. Doch Teresa akzeptiert ihn als »Outfit einer Klosterschwester«. Einmal wäre dieser Teil des Ordensgewandes beinahe zu einer Gefahr für den Straßenverkehr geworden. Der Wind zog Schwester Teresa den Schleier in die Höhe – und dann war er mit einem »Husch« fortgeflogen. Die Autofahrer – so amüsiert sich die Schwester heute noch – hätten sich nicht eingekriegt vor lauter Grinsen und wären fast zusammengestoßen. Aber Schwester Teresa weiß auch: Ein Kleid macht noch keinen Heiligen. Das Dasein als Ordensmann oder Ordensfrau muss glaubwürdig gelebt werden, offen und ehrlich.

Zur Ehrlichkeit gehört es auch, immer wieder die eigene Berufung zu prüfen. Bereits als Jugendliche hatte sich die junge Frau entschlossen, ins Kloster zu gehen. Nur, während ihrer Ausbildung verliebte sie sich heftig und sagte den Schwestern wieder ab. Aus der Liebe wurde aber nichts, und so klopfte sie nach langem Ringen erneut an der Klosterpforte an. Als dann ihre Freundinnen heirateten und Kinder bekamen, sehnte sich die Schwester oft nach einer eigenen Familie. Das bedrängte sie so sehr, dass sie auch mit dem Gedanken spielte, das Kloster wieder zu verlassen. Es galt, eine Krisenphase durchzustehen. Am Ende spürte sie, dass sie sich richtig entschieden hatte. Sie erzählt: »Als ich wieder zu Gott ganz Ja gesagt hatte, wurde ich ganz ruhig und sicher. Das ist so geblieben. Ich betete: ›Nichts ohne dich, Gott!‹«

Geblieben sind freilich auch manche Alltagsprobleme. Schwester Teresa könnte sich manchmal ärgern. Denn auch im Kloster gibt es Äußerlichkeiten, wie sie sagt, »die ganz starr gepflegt werden, und keiner weiß eigentlich genau, warum; zum Beispiel Haltungen beim Gebet«.

Doch für Teresa überwiegt das Positive. Ihr Lebensstil ist wirklich anders als der gleichaltriger Frauen. Um halb sechs am Morgen klingelt die Glocke zum ersten Gebet, und nach dem Rosenkranz am Abend endet der Tag kurz nach einundzwanzig Uhr. Teresa verfügt zwar über ein Handy und eine E-Mail-Adresse, doch ihr steht nur ein Taschengeld zur Verfügung. Sie lebt mit überwiegend älteren Frauen zusammen – das kann durchaus belasten; Schwester Teresa empfindet das Gemeinschaftsleben aber letztendlich doch als Gewinn. Sie hat sich für dieses Leben entschieden. Sie genießt die abwechslungsreiche Tätigkeit mit den Schülerinnen in der Schule und den Menschen aller Altersgruppen in der Pfarrgemeinde. Viele in der Stadt kennen die Dominikanerin mit dem heiteren Wesen. So schmunzelte sie auch über die Anekdote, die sich vor einigen Jahren zugetragen haben soll. Da wurde eine Frau aus der Dominikanischen Republik zur »Schönsten Frau der Welt« gekürt. Und die Presseagenturen meldeten die Schlagzeile: »Dominikanerin ist Miss World!«

Mutter Courage

Mutter Courage und ihre Kinder, eine Chronik aus dem Dreißigjährigen Krieg – der große Klassiker im Welttheater des Bertolt Brecht! Das Stück erzählt von Anna Fierling, einer Marketenderin, Mutter der beide Söhne Schweizerkas und Eilif und der stummen Tochter Kattrin. Sie schlägt sich als Geschäftsfrau durch den Krieg. Seit sie unter dem Feuer der Geschütze fünfzig Brotlaibe in die belagerte Stadt Riga brachte, nennt man sie anerkennend Mutter Courage.

Sie glaubt, der Krieg sei ein Geschäft, nur übersieht sie: Das Geschäft machen die anderen. »Und so kühn sie selber sein kann, wenn sie den Profit riecht, so sehr graust ihr vor dem ahnungslosen Heldenmut der eigenen Kinder. Diese wurden auf den Heerstraßen des Kriegs gezeugt – und haben gute Chancen, dort auch zu verenden.« (So ein Programmheft des Schauspiels Frankfurt) Am Ende verliert die Frau ihr Vermögen, ihre einzige, späte Liebe und – ihre drei Kinder. Sie zieht ganz allein weiter.

Das Drama wurde 1938/1939 von Bertolt Brecht im dänischen Exil verfasst und 1941 in Zürich uraufgeführt. Die Geschichte lässt viele Deutungen zu. Eine wäre die Warnung an die sogenannten »kleinen Leute«, die hofften, durch geschicktes Handeln den Zweiten Weltkrieg überstehen zu können. Gleichzeitig richtet es eine Mahnung an die skandinavischen Länder, in denen Unternehmen darauf hofften, am Weltkrieg verdienen zu können. Brechts Absichten gehen aber darüber hinaus: Er will Abscheu vor dem Krieg vermitteln – und vor der kapitalistischen Gesellschaft, die ihn hervorbringt.

Mutter Courage ist beispielhaft für Brechts Konzept des epischen Theaters. Die Zuschauer sollen kritisch und distanziert die Ereignisse auf der Bühne analysieren, nicht aber gefühlvoll das Schicksal einer positiven Heldin miterleben. Brecht schrieb einmal, was eine Aufführung von Mutter Courage hauptsächlich zeigen solle: »Dass die großen Geschäfte in den Kriegen nicht von den kleinen Leuten gemacht werden. Dass der Krieg, der eine Fortführung der Geschäfte mit anderen Mitteln ist, die menschlichen Tugenden tödlich macht, auch für ihre Besitzer. Dass er darum bekämpft werden muss.«

Im Kalten Krieg boykottierten Theater in einigen westlichen Ländern das Stück. Dennoch wurde es ein großer Bühnenerfolg; beinahe jedes Stadttheater hat sich an der »Courage« versucht, ebenso viele Regiestars, etwa Peter Zadek am Deutschen Theater, wie Brecht selbst und Claus Peymann mit dem Berliner Ensemble. Für viele Schauspielerinnen ist die Courage eine Paraderolle. Das Drama wird häufig als Schullektüre verwendet.

Im Stück sagt der Feldprediger zu Mutter Courage, er bewundere sie, wie sie so durchkomme. Er könne verstehen, wie sie zu ihrem Namen gekommen sei. Daraufhin antwortet Mutter Courage:

Die armen Leut brauchen Courage. Warum, sie sind verloren. Schon dass sie aufstehn in der Früh, dazu gehört was in ihrer Lag. Oder dass sie einen Acker umpflügen im Krieg! Schon dass sie Kinder in die Welt setzen zeigt, dass sie Courage haben, denn sie haben keine Aussicht. Sie müssen einander den Henker machen und sich gegenseitig abschlachten, wenn sie einander da ins Gesicht schauen wolln, das braucht wohl Courage. Dass sie einen Kaiser und einen Papst dulden, das beweist eine unheimliche Courage, denn die kosten ihnen das Leben.

Brecht stellt uns eine desillusionierte Frau vor, die sich nichts vormachen lässt. Ihrer Ansicht nach besteht die Courage darin, allen Widrigkeiten zum Trotz nicht aufzugeben. Schon das Aufstehen in der Frühe zeuge von Lebenswillen, mehr noch die Fortpflanzung in neues Leben – denn die Aussichten seien mehr als trübe: die armen Leute wären ohnehin verloren und würden sich am Ende gegenseitig abschlachten. Welch düsteres Resümee. Welch bittere Prophezeiung.

Als Schüler hatte ich das Buch lesen müssen und dabei nur bruchstückhaft verstanden. Erst als junger Erwachsener erreichte mich seine Botschaft: Ich sah das Stück in meiner Heimatstadt, wo monatlich in der Aula des Gymnasiums Theateraufführungen stattfanden. Was ich sah und hörte, bewegte mich. Ich war geradezu elektrisiert, nahm mir vor, mich für den Frieden einzusetzen, wollte die Welt verändern zum Guten. Doch nicht das ganze Publikum schien mir so ergriffen zu sein wie ich. Aus meiner Beobachtung schrieb ich damals folgendes Gedicht:

Mutter Courage

Abonnementskarte,
Gastspiel in der Schulaula.
Die Herrschaften in Abendgarderobe.
Das Sitzen wird unbequem.
Sektflöten in der Pause.
Am Ende Applaus, wie es sich gehört.
Die lokale Redaktion lobt ebenfalls.
Nächsten Monat:
Der zerbrochene Krug.

Jenseits aller Ideologie: Brechts Stück bleibt leider aktuell, denn die Verhältnisse haben sich nicht grundlegend geändert. Mutter Courage ist eine tragische Figur, die nie ausstirbt.

Der Moralist,
eine aussterbende Gattung

Heinrich Böll war wie Brecht ein Moralist. Zu Beginn des 21. Jahrhunderts hat diese Bezeichnung keinen guten Klang; zu leicht denkt man an einen Moralapostel. Von solch plakativer Besserwisserei weit entfernt, war Heinrich Böll doch jemand, der das Ideal vom gelungenen Sein nicht aufgegeben hatte. Er konnte Gegebenheiten und Bedingungen seiner Zeit genau und kritisch analysieren, was aber eben nicht bedeutete, dass er sie für unveränderbar gehalten hätte. Im Gegenteil.

In mancher Hinsicht war Böll ein Phantast. Er beschrieb Utopien inmitten schlimmer Zustände, in denen mehr oder weniger glückliche, in jedem Fall aber starke Menschen (vor allem Frauen!) agierten. Vielleicht sind diese standhaften, im guten Sinne »edel« anmutenden Typen rar geworden auf dieser Welt. Aber darf deswegen niemand daran erinnern, dass Mut und Anständigkeit auch in unserer Zeit möglich sind?

Böll hatte eben seine Zeit, meinte nach seinem Tod 1985 mancher Kritiker. Seine ethischen Appelle hätten doch irgendwie lächerlich gewirkt, er sei »eine Art Ehrenpräsident des Protestes« gewesen, sein »pastorenhaftes Pathos pflichtdurchzittert«. Dabei war er doch nur jemand, der seinen unpopulären Standpunkt vertrat, ohne diplomatisch um den heißen Brei herumzureden.

Böll war kein zaghafter Mensch, kein experimenteller Lyriker im Elfenbeinturm, sondern ein Literat, der den Mund aufmachte – gefragt oder ungefragt. Er nutzte literarische Formen und Mittel, um seine Ansicht kundzutun oder die Un- beziehungsweise Doppelmoral der Gesellschaft zu entlarven.

Ein Arbeits-Leitsatz Bölls lautete: Die Themen liegen auf der Straße. Die Kunst sei es, die richtige Art der Darstellung dafür zu finden. Und das konnte eben einmal ein Hörspiel, einmal ein Kommentar in der Zeitung, einmal ein Roman sein. Alles, was Böll erzählte, spielte ab *Und sagte kein einziges Wort* (erschienen 1953) im Jahr des Entstehens, also in der unmittelbaren Gegenwart. So versetzte er die handelnden Personen in die Zeitgenossenschaft seiner Leserinnen und Leser.

Die Themen Krieg und Wiederaufbau – aus Bölls Sicht auch Restauration – wichen Ende der Fünfzigerjahre der Auseinandersetzung mit der Kirche. Es war gleichzeitig Bölls irische Phase: Mit seinem Ferienhaus in Irland, in den Fünfzigerjahren erworben, erfüllte sich der Schriftsteller einen Traum. Das *Irische Tagebuch* entstand. Böll war fasziniert von der Lebensphilosophie Irlands, auch von der Religiosität auf der Insel. Die Frömmigkeit der Iren schien ihm ursprünglicher, echter zu sein als in Deutschland. Mit der deutschen Kirche, dem formalisierten Christentum, haderte er. Ein wenig verwunderlich ist schon, warum er den irischen Katholizismus nicht so kritisch durchleuchtete wie den deutschen. Vielleicht wollte er sich ein Ideal bewahren?

Bölls Kritik kam von innen: die harsche, aber nicht zerstörende Kritik eines engagierten Katholiken. Böll überforderte damit die Kirche seiner Zeit. Die Auseinandersetzung verlief undialogisch, wie man heute sagen würde, und endete mit Bölls Kirchenaustritt 1976. Allerdings, darauf weist der Neffe Viktor Böll hin, wäre Heinrich Böll als Pole, Ire oder Italiener formell nicht aus der Kirche ausgetreten; nur in Deutschland sei ihm dieses Zeichen der Distanzierung von der Institution Kirche möglich gewesen.

Dem Hier und Heute galt Bölls Interesse; viele gesellschaftliche Bereiche beobachtete er genau und verfolgte mit kritischem Augenmerk ihre Entwicklung. So wurde er in der Bundesrepublik der Siebzigerjahre wider Willen ins politische Tagesgeschäft verwickelt. Als humanistischer Mahner forderte er gleiche Rechte für Terroristen wie für alle Rechtsbrecher, er wandte sich gegen die Moral der Lynchjustiz. Das wurde gegen ihn ausgelegt, als Sympathiebeweis für die Terroristen. Die Beschuldigungen, er paktiere mit den Verbrechern, kamen sowohl von parteipolitischer Seite als auch aus den Medien. Sie reichten bis zu anonymen Morddrohungen. Einer rief an und sprach in die Muschel fast lyrisch:

»Der Hanf für den Strick, der um deinen Hals gelegt wird, ist schon geerntet.« Böll ließ sich nicht unterkriegen, trug aber schwere Enttäuschungen davon: deutsche Pressefreiheit schien eben auch Verleumdungsfreiheit zu gewähren.

Der aufkommende Hass war teilweise die willkommene Abrechnung mit dem sich einmischenden Schriftsteller: Manchem gefiel nicht, dass Böll während des Kalten Krieges heiße Kontakte in den Osten hielt. Er stand mit russischen, polnischen, tschechoslowakischen und anderen Schriftstellern und Künstlern in Kontakt. Böll wusste, dass Europa nicht an der Demarkationslinie zur DDR endet.

Leider konnte er den Umbruch der kommunistischen Regimes nicht mehr erleben. Und wir mussten auf eine kritische Kommentatorenstimme zur deutschen Vereinigung verzichten. Aber in den langen Jahren davor, als kaum jemand an ein wiedervereinigtes Deutschland zu glauben wagte (obwohl offiziell bei so vielen Gelegenheiten beschworen), da trug er auf seine Art zur Verständigung der sich auseinanderentwickelnden Staaten bei.

Sein Selbstverständnis als Schriftsteller erklärte Böll im Mai 1964 in einer Vorlesung in Frankfurt:

Man fragt nicht die Wissenschaft, nicht die Politiker, nicht die Kirchen – die Autoren sollen aussprechen, was die anderen of-

fenbar nicht aussprechen wollen: dass Verlorenes verloren ist,
vielleicht nur um einen Finderlohn wiederzuerlangen. Sie sol-
len das Kind beim Namen nennen. Die Politiker drücken sich,
Kirchenmänner sind klug in der Öffentlichkeit – das unkluge,
das wahre Wort erwartet man von Autoren, sprechen sie es
aber aus, dann heult die Maschine der Demagogie wie eine
Luftwarnschutzsirene. Gefahr ist im Verzug, sobald ein Wort
ausgesprochen wird, das sich über die nichtssagende Selbst-
verständlichkeit der gängigen öffentlichen Äußerung erhebt.

Den Schriftstellern kommt heute eine solche Bedeutung kaum noch zu. Doch aktuell wie einst, mutet dieser Passus an wie eine entschiedene Absage an die »poli-
tical correctness« und wie eine hellsichtige Vorausschau
der Folgen dieser Absage.

Nachdenken über Nachdenken

ist es bald so weit?
ist demnächst die einzig
erlaubte Art:

einer denkt vor
der Rest denkt
nach?

Zivilcourage

So einer

So einer,
der einmal die Welt verändern wollte
und sich heute
in die Dichtung vertieft,
den das Unrecht auf der Erde
nicht schlafen ließ,
und der heute
bei den Nachrichten wegschlummert,
der früher lautstark protestierte
und heute
vornehm schweigt,
so einer sieht mich an,
wenn ich in den Spiegel blicke.

Kurt Tucholsky hat ein Leitmotiv der Zivilcourage formuliert: »Nichts ist schwieriger und nichts erfordert mehr Charakter, als sich im offenen Gegensatz zu seiner Zeit zu befinden und laut zu sagen: Nein!«

Aber sie beginnt schon viel bescheidener: Beim Mut, seine Meinung im Internet unter eigenem Namen zu veröffentlichen und sich nicht hinter »Nicknames« zu verschanzen. Beim Mut, sein Missfallen auszudrücken, wenn Witze über Juden oder Behinderte, über alte oder korpulente Menschen gemacht werden. Beim Mut, zu erklären, dass man nicht einverstanden ist, wenn ein Mensch ohne festen Wohnsitz in einem Laden nicht bedient wird.

Zivilcourage ist gefordert, wenn eine Frau wegen ihres Frauseins benachteiligt, wenn ein Homosexueller gemobbt oder eine ausländisch aussehende Person in der Straßenbahn blöd angemacht wird. Manchmal genügt es, laut zu sagen: »Lassen Sie das!« Manchmal muss man andere um Hilfe bitten, mit einzugreifen, wenn jemand beschützt werden soll. Sei es vor dummen Sprüchen, sei es vor Abschiebung.

Ein Mensch allein kann nicht die Welt retten. Aber jede und jeder kann etwas tun im Rahmen seiner Möglichkeiten. Die eine versteht sich darauf, gut mit Worten umzugehen, kann Reden halten und Texte verfassen. Der andere ist praktisch veranlagt und kann besser organisieren. Welche ungeahnten Fähigkeiten in einem Menschen schlummern, wird offensichtlich, wenn seine Kräfte aktiviert werden, weil es wirklich konkret um sein eigenes Leben geht – seine Gesundheit, seinen Schlaf, seine unmittelbare Umgebung.

Das haben die sogenannten »Wutbürger« gezeigt: Sie sind keine durchgeknallten Profi-Demonstranten, sondern »brave« Leute, die auf einmal merken: Wenn wir jetzt nicht handeln, dann wird etwas geschehen, das wir nicht wollen. Und auf einmal kommen Tausende zusammen, um gegen einen unterirdischen Bahnhof zu demonstrieren, gegen eine weitere Landebahn am Flughafen, gegen die Aufstellung von Strommasten im Wohngebiet.

Jungen Arbeitnehmern gibt die Zeitschrift der Gewerkschaft *ver.di* »10 Gebote« mit auf den Weg – Tipps, die aber auch den Älteren gelten. Sie beginnen so:

1. *Krieg deinen Arsch hoch!*
   Von allein ändert sich nichts.
2. *Schau dich um und an!*
   Was nervt und was muss besser werden – in Ausbildung und auf Arbeit?
3. *Wünsch dir was!*
   Wie soll es stattdessen laufen?
4. *Rede drüber!*
   Was denken eigentlich die anderen?
5. *Mach 'ne Ansage:*
   Einfach mal klarstellen, wo du stehst und dass du bereit bist, für deine Träume zu kämpfen! ...

Courage: Anstiftung zum Ungehorsam heißt ein lesenswertes Buch von Matthias Altenburg. Darin erklärt er: »Was man ungestraft tun darf und was nicht, regeln die Gesetze und die Richter. Was man tut oder nicht tut, hängt aber auch davon ab, wie viel Mut man hat, was man sich traut. Und wie viele Menschen man findet, die das Gleiche wollen wie man selbst.«

Die Liste gesellschaftlicher Missstände scheint endlos, die Übel auf der Welt sind Legion. Aber dagegen stehen Millionen, die deutlich machen: Uns ist es nicht egal, was aus der Welt wird! Sie erheben ihre Stimme, gehen auf die Straße, unterschreiben Petitionen, beteiligen sich an Aktionen des zivilen Ungehorsams, an Boykotten und Streiks: Gegen Atomkraft. Für gerechte Löhne. Gegen Christenverfolgung. Für den Umweltschutz. Gegen Fremdenfeindlichkeit. Der tragische und brutale Tod einer Frau, die in Indien vergewaltigt wurde, rief in ihrem Heimatland wütende Proteste hervor. Aber dadurch brach auch ein gesellschaftliches Umdenken auf: Frauen stehen immer noch auf der Opferseite, und das darf so nicht bleiben.

Ein wunderbares Beispiel für die Kraft, die sich aus einer einzelnen kleinen Aktion entfalten kann, haben wir Rosa Parks zu verdanken. Sie hatte in den Fünfzigerjahren des 20. Jahrhunderts als Afroamerikanerin im Bus für weiße Mitfahrer Platz zu machen. Doch am 1. Dezember 1955 tat sie das nicht mehr, wie Timo Fuchs erzählt:

Die 42-Jährige fährt in Montgomery von der Arbeit nach Hause, der Bus füllt sich und alle Plätze für Weiße sind besetzt. Als

weitere Weiße einsteigen, weigert sich Rosa Parks, aufzuste-
hen. Sie erinnert sich später, wie Polizisten kommen, um sie
festzunehmen. »Warum schubsen Sie uns so herum?«, habe sie
einen Beamten gefragt. »Ich weiß es nicht«, habe der geant-
wortet, »aber Gesetz ist nun mal Gesetz. Sie sind verhaftet.«

Rosa Parks' Protest führte zum Bus-Boykott in ihrer
Stadt, der für einen Tag geplant war und über ein Jahr
anhielt. Ein Mosaikstein in der Bürgerrechtsbewegung,
die gleiche Rechte für Menschen aller Hautfarben in
den USA forderte und durchsetzte. Verschwiegen werden darf nicht, dass Rosa Parks von diesem Zeitpunkt
an Schwierigkeiten hatte, einen Arbeitsplatz zu finden.
Diesen Preis musste sie für ihren Status als Ikone der
Bürgerrechtsbewegung zahlen. Der Bewegung blieb sie
trotzdem ihr Leben lang treu, bis sie 2005 im Alter von
zweiundneunzig Jahren starb.

Couragiertes Engagement wird mit verschiedenen
Preisen geehrt. Der »Courage-Preis« der niedersäch-
sischen Stadt Bad Iburg wird verliehen »an Personen
und Einrichtungen, die sich um das Gemeinwohl ver-
dient gemacht haben«. Zu den Geehrten gehören unterschiedliche Persönlichkeiten des öffentlichen Lebens,
wie der Unternehmer Richard Oetker, der sich für die
Opferschutzorganisation Weißer Ring einsetzt, oder die
Journalistin Marietta Slomka, die seit Jahren das Kin-
derhospiz in Bethel unterstützt.

Die Redaktion des ZDF-Frauenmagazins *ML mona lisa* vergibt gemeinsam mit einem Kosmetikkonzern den »Prix Courage« an Frauen, die sich durch Engagement für Kinder und Jugendliche auszeichnen. Den Einsatz für die Belange von Schwulen und Lesben würdigt der niedersächsische Preis »Rosa Courage«. Die Bayerische Pfarrbruderschaft sprach im Jahr 2009 der Grundschullehrerin Sabine Czerny ihr »Karl-Steinbauer-Zeichen für Zivilcourage« zu. Sie war von bayerischen Schulbehörden strafversetzt worden – wegen guter Noten und spannenden Unterrichts. Im Spiegel-Beitrag von Christian Füller ist zu lesen, man habe ihr bedeutet, sie solle das Notenspektrum voll ausschöpfen: »Auch bei Ihnen muss es Fünfer und Sechser geben«; so ein Schulbeamter. Die Urkunde zur Preisverleihung lobt hingegen: »Sie hat die gängige Art der Leistungsbewertung und die damit verbundene Klassifikation von Kindern in Frage gestellt.«

Zahlreiche regionale oder kommunale Courage-Preise, vor allem in den neuen Bundesländern, zeichnen Personen, Initiativen, Gruppen oder Projekte aus, die sich gegen Diskriminierung und Fremdenhass erheben. Der »Radebeuler Couragepreis« will jene »bekannt machen und unterstützen, die unter schwierigen Bedingungen Frieden stiftend, Gerechtigkeit schaffend, sozial und ökologisch verantwortlich, für bürgerschaftliches Engagement in einer zivilen Gesellschaft als Vorbild wirken«. Zu den Preisträgern gehören beispielsweise eine Betriebsrätin und ein Menschenrechtler aus einem Nachfolgestaat der UdSSR.

Bernd Wendsche, Oberbürgermeister von Radebeul seit 2001, erklärt, bei der Auslobung des Couragepreises *ging und geht es uns darum, aufzuzeigen, dass auch in unserer Gesellschaft, in unserem Radebeul Zivilcourage gefragt und befördert werden will. Dafür bedarf es immer wieder Mut und Ermutigung. Wir haben uns zur Aufgabe gestellt, dabei ein klein wenig mitzuhelfen. Für mich ist dabei der mündige Bürger ein unverzichtbares Element für das Funktionieren unseres demokratischen Systems. Ein mündiger Bürger, der ernst genommen werden will, der sich seine Mündigkeit aber auch tagtäglich aufs Neue erarbeiten und bewahren muss. Und dieser mündige Bürger fällt nun einmal nicht vom Himmel. Im Gegenteil, die Verlockungen unserer Mediengesellschaft, der menschliche Drang zu möglichst einfachen Erklärungsmustern in einem immer heterogeneren und manchmal auch bedrohlicheren Umfeld und nicht zuletzt das Werben mit einem unpolitischen und bequemen Weg bergen das Potenzial in sich, unsere Demokratie in ihren Grundfesten zu erschüttern.*

Wie recht er hat, ist mir in den letzten Jahren wieder klar geworden. Noch um die Jahrtausendwende schien mir das demokratische System in Deutschland – eingebettet in ein friedliches Europa – gefestigt und gesichert. Dieses Vertrauen schwindet.

»Der Schoß ist fruchtbar noch, aus dem das kroch«, mahnt Brecht.

Faschistisches Gedankengut ist nicht ausgerottet, und das Bestreben, Menschen zu unterdrücken oder auszugrenzen, kann jederzeit wieder angestachelt werden. Selbst die Lust am Krieg scheint nicht völlig verschwunden zu sein.

So bleibt auch Wolfgang Borchert aktuell, leider, mit seinem flammenden Aufruf: »Dann gibt es nur eins!« Auch wenn Kriegsvorbereitungen heute anders aussehen und die Fernsehbilder uns glauben machen wollen, Kriege ließen sich klinisch rein und mit chirurgischer Präzision bewerkstelligen: Sie sind und bleiben ein mörderisches Geschäft, mit dem die einen Geld verdienen, die anderen die Gesundheit, die Heimat, das Leben verlieren.

Du. Mann an der Maschine und Mann in der Werkstatt. Wenn sie dir morgen befehlen, du sollst keine Wasserrohre und keine Kochtöpfe mehr machen – sondern Stahlhelme und Maschinengewehre, dann gibt es nur eins: Sag NEIN!

Du. Mädchen hinterm Ladentisch und Mädchen im Büro. Wenn sie dir morgen befehlen, du sollst Granaten füllen und Zielfernrohre für Scharfschützengewehre montieren, dann gibt es nur eins: Sag NEIN!

Du. Besitzer der Fabrik. Wenn sie dir morgen befehlen, du sollst statt Puder und Kakao Schießpulver verkaufen, dann gibt es nur eins: Sag NEIN!

Du. Forscher im Laboratorium. Wenn sie dir morgen befehlen, du sollst einen neuen Tod erfinden gegen das alte Leben, dann gibt es nur eins: Sag NEIN!

Du. Dichter in deiner Stube. Wenn sie dir morgen befehlen, du sollst keine Liebeslieder, du sollst Hasslieder singen, dann gibt es nur eins: Sag NEIN!

Du. Arzt am Krankenbett. Wenn sie dir morgen befehlen, du sollst die Männer kriegstauglich schreiben, dann gibt es nur eins: Sag NEIN!

Du. Pfarrer auf der Kanzel. Wenn sie dir morgen befehlen, du sollst den Mord segnen und den Krieg heilig sprechen, dann gibt es nur eins: Sag NEIN!

Du. Kapitän auf dem Dampfer. Wenn sie dir morgen befehlen, du sollst keinen Weizen mehr fahren – sondern Kanonen und Panzer, dann gibt es nur eins: Sag NEIN!

Du. Pilot auf dem Flugfeld. Wenn sie dir morgen befehlen, du sollst Bomben und Phosphor über die Städte tragen, dann gibt es nur eins: Sag NEIN!

Du. Schneider auf deinem Brett. Wenn sie dir morgen befehlen, du sollst Uniformen zuschneiden, dann gibt es nur eins: Sag NEIN!

Du. Richter im Talar. Wenn sie dir morgen befehlen, du sollst zum Kriegsgericht gehen, dann gibt es nur eins: Sag NEIN!

Du. Mann auf dem Bahnhof. Wenn sie dir morgen befehlen, du sollst das Signal zur Abfahrt geben für den Munitionszug und für den Truppentransporter, dann gibt es nur eins: Sag NEIN!

Du. Mann auf dem Dorf und Mann in der Stadt. Wenn sie morgen kommen und dir den Gestellungsbefehl bringen, dann gibt es nur eins: Sag NEIN!

Die große Seele

30. Januar 1948, Neu-Delhi, Indien. Der Nationalheld Indiens ist neunundsiebzig Jahre alt. Man verehrt ihn als »Mahatma«, als »große Seele«. Doch auch er hat es nicht vermocht, die Teilung Indiens durch die britische Besatzungsmacht zu verhindern. Ein Hindu-Fanatiker ermordet ihn an diesem Tag mit drei Pistolenschüssen in die Brust.

Mohandas Karamchand Gandhi, geboren 1869, war Pazifist, Menschenrechtler und geistiger Führer der indischen Unabhängigkeitsbewegung. Er trug maßgeblich dazu bei, dass 1947 mit dem von ihm entwickelten Konzept des gewaltfreien Widerstandes das Ende der britischen Kolonialherrschaft über Indien herbeigeführt werden konnte.

Aufgewachsen in einer traditionell hinduistischen Familie, erlebte er schon als Kind und Jugendlicher in der Provinz Gujarat lebendigen Austausch und eine Atmosphäre der Toleranz zwischen Hindus, Muslimen, Parsen und Anhängern des Jainismus. Diese Religion, zeitgleich mit dem Buddhismus entstanden, betont strikte Gewaltlosigkeit im Alltag (Ahimsa). Sie hat Gandhis Philosophie nachhaltig geprägt. Gandhi war verheiratet und Vater von vier Kindern, unterwarf sich jedoch später aus philosophischen Gründen freiwillig der Keuschheit. Er lebte aus seinem hinduistischen Glauben heraus.

In London studierte er Rechtswissenschaften, arbeitete dann einige Jahre als Rechtsanwalt in Südafrika, wo er mit seinem politisches Engagement begann: Er organisierte die indischen Arbeiter am Kap, die keine Rechte besaßen, und führte Protestmärsche an. Das Konzept des gewaltlosen Widerstandes reifte.

Nach über zwanzig Jahren kehrte er 1915 nach Indien zurück, wo man ihn wegen seiner großen Leistungen für die Menschenrechte der Inder in Südafrika bald »Mahatma – Große Seele« nannte. Gandhi selbst lehnte den Titel zeitlebens ab, da er sich für unwürdig befand. Er übernahm die Führung des Indian National Congress, der sich unter seiner geistigen Führung zur wichtigsten Institution der indischen Unabhängigkeitsbewegung entwickelte. 1942 forderte Gandhi die sofortige Unabhängigkeit Indiens und wurde deshalb inhaftiert. Mehrmals sperrte man ihn ein, insgesamt saß er acht Jahre im Gefängnis.

1947 verkündete der britische Premierminister Clement Attlee die Unabhängigkeit und die Teilung Indiens in zwei Staaten: das mehrheitlich hinduistische Indien und das mehrheitlich muslimische Pakistan. Gandhi widersetzte sich dem Teilungsplan, hatte mit seinem Widerstand jedoch keinen Erfolg. Dennoch lasteten ihm einige, wie sein Mörder, den Verlust der staatlichen Einheit an.

Der couragierte Verfechter der Gewaltlosigkeit wurde am Ende ein Opfer der Gewalt. Zu seinem Credo gehörte es auch, die Spirale des Bösen zu durchbrechen. Gandhi hatte einmal gesagt: »Auge um Auge – und die ganze Welt wird blind sein.«

Die Apokalypse fand nicht statt

Um 1980 ist der Kalte Krieg zwischen den Bündnissystemen NATO und Warschauer Pakt nach jahrzehntelangem Wettrüsten auf seinem Höhepunkt angekommen. Schon seit den Fünfzigerjahren haben die USA Atomwaffen in Europa stationiert, die Moskau erreichen könnten. Inzwischen verfügt jede der Supermächte über ein Vielfaches der atomaren Zerstörungskraft, die nötig wäre, um den Gegner völlig auszulöschen.

Über vierhundert sowjetische Mittelstreckenraketen des Typs SS-20 sind auf Westeuropa gerichtet, auf London, Paris, Rom, Bonn, jede von ihnen mit der fünfzigfachen Sprengkraft der Atombombe, die 1945 über Nagasaki abgeworfen wurde.

Die NATO reagiert darauf mit dem Doppelbeschluss vom 12. Dezember 1979, der der Sowjetunion Verhandlungen über eine beidseitige Begrenzung atomarer Mittelstreckenraketen anbietet und gleichzeitig die Stationierung von Pershing-II-Raketen zur Modernisierung des NATO-Waffenarsenals in Westeuropa ankündigt. Als die Verhandlungen scheitern, geht der Rüstungswettlauf in die nächste Runde; Pershing-Raketen und Cruise Missiles mit Atomsprengköpfen werden stationiert. Ihre Standorte in Deutschland sind vielen durch die Proteste und Blockaden der Friedensbewegung in Erinnerung geblieben, zum Beispiel in Mutlangen.

Jede Seite fühlt sich von der anderen bedroht, rechnet jederzeit mit dem Erstschlag des Feindes und ist bereit zum mit allen Mitteln geführten sofortigen nuklearen Gegenschlag. Beide Seiten versichern sich gegenseitig der totalen Vernichtung im Falle eines Angriffs.

Ein solcher Angriff, so viel ist gewiss, wird kein konventioneller Einmarsch mit Panzern und Soldaten mehr werden, wie noch am 21. August 1968 in die Tschechoslowakei. Egal, wer ihn anfinge: Dieser Dritte Weltkrieg wäre für die Welt der letzte. Eine einzige SS-20-Rakete kann das Ulmer Münster oder den Kölner Dom in einen klaffenden Krater von mehreren hundert Metern Durchmesser verwandeln, eine Pershing-II-Rakete vernichtet mühelos den Kreml oder die Eremitage. Abermillionen, vielleicht Milliarden Menschen würden durch die Bomben oder an der Strahlenkrankheit sterben; fast das gesamte Erbe der Menschheit würde vernichtet, die paar Überlebenden würden in die Steinzeit zurückgebombt, durch kaum mehr als einen Befehl, und niemand mehr würde dann noch wissen wollen, wer als Erster den roten Knopf gedrückt hat.

Die Nerven liegen blank in jenen Tagen: Am 1. September 1983 ist ein koreanisches Passagierflugzeug, Korean Airlines Flug 007, auf dem Weg von New York nach Seoul vom Kurs abgekommen und von einem sowjetischen Abfangjäger abgeschossen worden. Alle zweihundertneunundsechzig Insassen sind ums Leben gekommen. Die Führung im Kreml besteht darauf, dass der Jumbo-Jet ein amerikanisches Spionageflugzeug gewesen sei.

Am 26. September 1983 hat zufällig der vierundvierzigjährige Offizier, Ingenieur und Familienvater Stanislaw Jewgrafowitsch Petrow Dienst im Kommandobunker des satellitengestützten Raketenwarnsystems der Sowjetunion, neunzig Kilometer südlich von Moskau. Er hat an diesem System von Anfang an, seit 1972, mitgebaut, hat die Computerprogramme geschrieben und sogar das Benutzerhandbuch. Doch er weiß auch um die Grenzen der Technik. Petrow hat in dieser Nacht die Aufgabe, als Stellvertreter des Diensthabenden die Meldungen seines Computersystems auszuwerten und weiterzugeben.

Kurz nach Mitternacht, gegen 0.15 Uhr Moskauer Zeit, schlägt das Frühwarnsystem Alarm. Es meldet den Start einer einzelnen auf die Sowjetunion zielenden Interkontinentalrakete von einer Abschussbasis in den USA.

Zweihundert Mitarbeiter im Kontrollzentrum starren auf Petrow, den Ältesten und Ranghöchsten, und warten auf seine Entscheidung. Er glaubt nicht an einen Angriff. Nach zwei Minuten Bedenkzeit hat er die Courage, auf eigene Verantwortung, gegen seine Dienstvorschrift und gegen sein eigenes Systemhandbuch zu sagen: Das ist ein Fehlalarm!

Noch während er mit dem Generalstab telefoniert, schlägt das System abermals Alarm. Petrow zweifelt wieder an den Computern und erklärt, nach wie vor am Telefon, auch dies sei ein Fehlalarm! Ebenso beim vermeintlichen Start einer dritten, vierten und schließlich einer fünften »Minuteman«-Rakete, alle scheinbar von derselben US-Raketenbasis abgefeuert.

Kein »roter Knopf« wird gedrückt. Stanislaw Petrow ist mutig genug, sich auf seine Intuition zu verlassen und erst einmal gar nichts zu tun, sondern abzuwarten. Er will nicht schuld sein am Dritten Weltkrieg. Nach einer bangen Viertelstunde wird gemeldet, dass sich keine amerikanischen Raketen im Anflug auf die Sowjetunion befinden. Es war wirklich ein Fehlalarm!

Am nächsten Morgen stellt sich heraus, dass das sowjetische Frühwarnsystem Sonnenreflexionen auf Wolken in der Nähe der fraglichen US-Raketenbasis als Raketenstarts fehlinterpretiert hat. Stanislaw Petrow hat durch sein besonnenes Verhalten die Kausalkette zur Auslösung des Dritten Weltkriegs rechtzeitig abgebrochen.

Alle Armeen der Welt verleihen ihren Soldaten als Zeichen der Anerkennung und als Motivation Tapferkeitsmedaillen, auch die Bundeswehr (»Ehrenkreuz«).

Welch wunderbares Symbol: Stanislaw Jewgrafowitsch Petrow ist am 17. Februar 2013 in der Dresdner Semperoper der mit 25.000 Euro dotierte Dresden-Preis 2013 verliehen worden – für seinen Mut zum Nichtstun!

Der mutige Reformator
kennt die Angst

»Hier stehe ich, ich kann nicht anders, Gott helfe mir, Amen.« – Dieses bekannte Zitat Martin Luthers ist nicht belegt, macht aber seine Haltung deutlich. Am 17. April 1521 stand er vor dem Reichstag zu Worms und wurde vor den versammelten Fürsten und Reichsständen verhört. Man forderte ihn letztmalig zum Widerruf auf. Nach einem Tag Bedenkzeit und im Wissen, dass dies seinen Tod bedeuten könnte, lehnte er mit folgender Begründung ab: »[Da] ... mein Gewissen in den Worten Gottes gefangen ist, ich kann und will nichts widerrufen, weil es gefährlich und unmöglich ist, etwas gegen das Gewissen zu tun. Gott helfe mir. Amen.«

Chapeau! Der Mann hat Mut bewiesen. Wie viel er davon benötigen würde, war ihm wohl gar nicht klar, als er seine erste publikumswirksame Aktion startete. Durch die Diözesen Magdeburg und Halberstadt reiste der Dominikanermönch Tetzel und verkaufte auf Rechnung Roms und der Fugger Ablassbriefe, mit deren Erwerb man sich und seine verstorbenen Verwandten angeblich aus dem Fegefeuer freikaufen konnte. Nachdem der Wittenberger Theologe Dr. Martin Luther über ein Jahr lang vergeblich gegen diese Praktiken gepredigt hatte, schlug er am 31. Oktober 1517 ein Blatt mit fünfundneunzig Thesen an die Tür der Schlosskirche, um eine Diskussion über das Ablasswesen anzustoßen.

Dieser Thesenanschlag gilt als Beginn der Reformation. Der Begriff »Reformation« bedeutet etwa: »Umgestaltung, Verbesserung, Wiederherstellung«. Damit werden jene Bestrebungen im 16. Jahrhundert bezeichnet, die die Kirche erneuern und wieder an ihre Quelle – die Bibel – heranführen wollten.

Die herausragende Persönlichkeit der Reformation ist Martin Luther (1483–1546). Er war 1505 Augustinermönch geworden und lehrte seit 1508 an der Universität Wittenberg. Seine jahrelangen Studien brachten ihn zu der Erkenntnis, dass die katholische Kirche sich sehr weit von der ursprünglichen biblischen Botschaft entfernt hatte.

Im Jahr 1506 war in Rom mit dem Bau der neuen Peterskirche begonnen worden. Bereits seit dem 14. Jahrhundert hatte man dem Papst die Befugnis zugesprochen, gegen Geldspenden an die Kirche zeitliche Sündenstrafen nach dem Tod zu erlassen. Zu Beginn des 16. Jahrhunderts erreichte das Ablasswesen einen Höhepunkt, als mit dem Verkauf von Ablasszetteln der Bau des Petersdoms finanziert werden sollte (»Peterspfennig«). Das marktschreierische Auftreten der Ablassprediger erregte den Protest gelehrter Theologen wie Luther. Er erkannte aus der Bibel: Gottes Gnade kann man nicht kaufen. Man erlangt sie nicht durch eigene Verdienste, sondern einzig durch Gottes Barmherzigkeit.

Luther übersetzte die Bibel aus der hebräischen und griechischen Sprache ins Deutsche. Er bezeichnete bereits 1524 die Bemühungen, die katholische Kirche zu reformieren, als »evangelisch«. Ziel war, das Evangelium wieder ins Zentrum des Christentums zu stellen. Aufgrund seiner Ansichten – dass beispielsweise der Glaube wichtiger sei als die guten Werke und die Bibel wichtiger als die kirchliche Tradition – kam es zum Konflikt mit dem Papst in Rom. Luther wurde mit dem Bann belegt; er musste sich verstecken. Die Kirche exkommunizierte ihn.

Dann aber stellten sich viele deutsche Landesfürsten auf die Seite Luthers. Damit erlangten auch sie größere Unabhängigkeit vom kirchlichen Einfluss in ihrem Herrschaftsgebiet. Luther, mittlerweile verheiratet mit der ehemaligen Nonne Katharina von Bora, versammelte sich weiterhin mit seinen Anhängern, um in der Bibel zu lesen und Gottesdienst zu feiern. Aus dieser Bewegung entwickelte sich die evangelische Kirche.

Auf dem Reichstag zu Speyer 1529 protestierten die evangelischen gegen die katholischen Reichsstände, die an der Verurteilung Martin Luthers festhielten. Sie wurden »Protestanten« genannt, ihre Bewegung »Protestantismus«. Unter diesem Begriff wurden dann später all jene Formen des Christentums zusammengefasst, die aus der Reformation hervorgegangen sind.

Ein Same, aus dem sich die Reformation entwickelte, war der furchtsame Charakter Martin Luthers. Ihn hatte als junger Mann die Frage gequält, wie er einen gnädigen Gott finden könne. Die Angst vor dem großen und gerechten Gott, dem kein schwacher Mensch genügt, war ihm durch Tetzel mit seinen Ablassbriefen nicht genommen worden. Luther fand Linderung bei Paulus und seiner Theologie, dass allein Gottes Gnade nötig sei. So wollte Luther den Trost der Heiligen Schrift allen Menschen zugänglich machen.

Doch die Angst vor dem Widersacher Gottes blieb ihm, den Teufel hielt er für eine reale Gestalt. Ob er auf der Wartburg wirklich ein Tintenfass nach ihm geworfen hat oder ob es sich bei dieser Episode um ein Histörchen handelt, ist unerheblich; der Teufel spielte eine entscheidende Rolle in Luthers Glauben. Aber letztlich konnte er auch diese Furcht bezwingen: durch sein Vertrauen auf Christus.

In seinem Lied »Eine feste Burg ist unser Gott« lautet die dritte Strophe:

Und wenn die Welt voll Teufel wär
und wollt uns gar verschlingen,
so fürchten wir uns nicht so sehr,
es soll uns doch gelingen.

Der Fürst dieser Welt,
wie sau'r er sich stellt,
tut er uns doch nicht;
das macht, er ist gericht':
ein Wörtlein kann ihn fällen.

Wunderbar geborgen

Dietrich Bonhoeffer war nicht nur ein bekannter Theologe, Bekenner und Märtyrer des christlichen Glaubens. Er wirkte vor allem als Seelsorger – im wahrsten Sinne: als einer, der sich um verängstigte und zweifelnde Seelen sorgte. Er wollte Menschen in der modernen Welt ermutigen, das Vertrauen auf Gott zu wagen. Bonhoeffers Gedanken stellen sich der oft schrecklichen Realität unseres Daseins und auch einem Gott, der sich menschlichem Erkennen entzieht und dennoch lebendig gegenwärtig ist.

Am 4. Februar 1906 wird Dietrich Bonhoeffer in Breslau als sechstes von acht Kindern geboren, zusammen mit der Zwillingsschwester Sabine. Ein großbürgerliches Elternhaus mit liberal-konservativer Atmosphäre prägt seine Lebenshaltung. Die Mutter ist Lehrerin und stammt aus einer Theologenfamilie; der aus dem schwäbischen Neresheim stammende Vater Karl Friedrich Bonhoeffer ist Arzt und Neurologe. 1912 übernimmt er die Leitung der psychiatrischen Abteilung der »Charité«, der führenden Berliner Klinik, und die Familie zieht nach Berlin.

1918 fällt ein Bruder Dietrich Bonhoeffers, Walter, in Frankreich. 1923, schon mit siebzehn Jahren, macht

Dietrich das Abitur und beginnt ein Theologiestudi-um in Tübingen, das er in Berlin fortsetzt. 1927, mit nur einundzwanzig Jahren, promoviert er über *Sancto-rum Communio [Gemeinschaft der Heiligen] – eine dog-matische Untersuchung zur Soziologie der Kirche.* Nach dem ersten theologischen Examen übernimmt er 1928 ein Vikariat in der deutschen Gemeinde in Barcelona. 1929 wird er wissenschaftlicher Assistent in Berlin, legt 1930 sein zweites theologisches Examen ab und habili-tiert sich wenige Tage später als Privatdozent.

Mit vierundzwanzig Jahren tritt er einen einjähri-gen Studienaufenthalt in New York an. Im Juli 1931 verbringt er zwei Wochen in Bonn bei dem Theologen Karl Barth (1886–1968). Von August 1931 bis Sommer 1933 lehrt er an der Berliner Universität, erteilt gleich-zeitig Konfirmandenunterricht und eröffnet 1932 eine Einrichtung für erwerbslose Jugendliche.

Am 30. Januar 1933 übernehmen die Nationalsozi-alisten in Deutschland die Macht. Innerhalb der evan-gelischen Kirche integrieren die »Deutschen Christen« Elemente der nationalsozialistischen Weltanschauung in ihre Glaubensideologie. Sie fordern ein »arisches« Christentum und sehen im Alten Testament ein »Juden-buch«.

Dietrich Bonhoeffer hält 1933 einen Vortrag zum Thema »Wandlungen des Führerbegriffes«; im April veröffentlicht er den Aufsatz »Die Kirche vor der Judenfrage«. Hier fordert er christliche Solidarität mit allen Opfern staatlicher Willkür.

Im August tritt er mit theologischen Argumenten gegen den Ausschluss von Christen jüdischer Abstammung aus der Kirche ein. Im Sommer 1933 gibt er seine Lehrtätigkeit auf und wird Pfarrer in der deutschen Gemeinde in London.

Als im Juli 1933 die »Deutschen Christen« bei den Kirchenwahlen die absolute Mehrheit erringen, gründet der Pfarrer von Berlin-Dahlem, Martin Niemöller, den »Pfarrernotbund« gegen Eingriffe des nationalsozialistischen Regimes in die Kirche. Am 30. Mai 1934 beschließt die »Bekenntnisgemeinschaft der Deutschen Evangelischen Kirche« auf ihrer ersten Synode die »Barmer Theologische Erklärung«, in der sie sich gegen den Einfluss des Staates auf die Verkündigung des Glaubens ausspricht. Die »Bekennenden Gemeinden« widersetzen sich der »Gleichschaltung« und Zwangsvereinigung mit den nationalsozialistischen »Deutschen Christen«. So entsteht die selbstständige »Bekennende Kirche«.

1935 kehrt Bonhoeffer nach Deutschland zurück und übernimmt im April 1935 die Leitung einer Ausbildungsstätte der Bekennenden Kirche. Im August 1936 wird ihm die Erlaubnis entzogen, an deutschen Hochschulen zu lehren; sein letztes Kolleg in Berlin hält er über die Auslegung der Bergpredigt. Es erscheint 1937 in Buchform unter dem Titel *Nachfolge*. Dieses

Werk und sein Buch *Gemeinsames Leben* machen ihn später zu einem der bekanntesten Theologen des 20. Jahrhunderts.

Im engsten Familienkreis hat Bonhoeffer die Bedrohung durch die nationalsozialistische Rassenpolitik von Anfang an erlebt: Der Ehemann seiner Zwillingsschwester Sabine, praktizierender evangelischer Christ, ist jüdischer Abstammung; er verliert deshalb seine Professur für Staatsrecht in Göttingen. Im Herbst 1938, nach der Pogromnacht, emigriert die Familie nach England.

1938 wird Bonhoeffer aus Berlin ausgewiesen, doch sein Vater erreicht, dass er wenigstens seine Eltern besuchen darf. 1939 reist er zum wiederholten Male nach London.

1940 erhält er Rede- und Schreibverbot. In seinem Elternhaus in Berlin-Charlottenburg treffen sich Regimegegner, die erwägen, Hitler durch ein Attentat zu beseitigen. Bonhoeffer knüpft Kontakte zum politischen Widerstand, vor allem zum Kreis um Admiral Canaris. 1941/1942 kann er wiederholt ins Ausland reisen. Am 7. Januar 1943 verlobt er sich mit Maria von Wedemeyer (1924–1977), einer Nachfahrin des Dichters Heinrich von Kleist.

Im März dieses Jahres werden aus der Widerstandsgruppe um Bonhoeffer Attentate auf Hitler verübt. Daraufhin wird er am 5. April 1943 von der Gestapo verhaftet. In der Haft schreibt er Briefe und Texte. Einige seiner Bewacher haben ihn schätzen gelernt und schmuggeln sie für ihn an der Zensur vorbei. In Tegel entsteht so Bonhoeffers bekanntestes Buch *Widerstand und Ergebung*, eine Sammlung von Briefen und Aufzeichnungen aus der Haft.

Erst nach dem gescheiterten Attentat auf Hitler am 20. Juli 1944 werden Bonhoeffers Hoffnungen zunichte gemacht, das Kriegsende im Gefängnis in Tegel zu erleben. Ende September 1944 werden in einer Nebenstelle der Abwehr in Zossen Unterlagen mit den Namen der über das Attentat informierten oder an seiner Vorbereitung beteiligten Verschwörer entdeckt, daraufhin werden viele verhaftet. Am 8. Oktober 1944 bringt man Bonhoeffer in das berüchtigte Kellergefängnis der Gestapo in der Prinz-Albrecht-Straße.

Vom 28. Dezember 1944 datiert jener Brief, dem der berühmte Text »Von guten Mächten wunderbar geborgen« beigegeben ist. Das Gedicht verfasst Bonhoeffer als Gruß an seine Mutter und seine Verlobte.

Am 13. Februar 1945 wird Dietrich Bonhoeffer ins KZ Buchenwald gebracht, und am 3. April von dort zum KZ Flossenbürg bei Weiden im Oberpfälzer Wald.

Am Morgen des 9. April 1945 um 5.30 Uhr werden Dietrich Bonhoeffer und fünf weitere Gefangene aus ihren Zellen getrieben und gehenkt. Ihre Leichname und Habseligkeiten werden anschließend verbrannt. Bonhoeffers Bruder Klaus und sein Schwager Rüdiger

Schleicher werden am 23. April 1945 in Berlin erschossen.

Der Lagerarzt, der bei der Hinrichtung Dietrich Bonhoeffers anwesend war, schrieb zehn Jahre später: »Am Morgen des betreffenden Tages [...] sah ich vor der Ablegung der Häftlingskleidung Pastor Bonhoeffer in innigem Gebet mit seinem Herrgott knien. Die hingebungsvolle und erhörungsgewisse Art des Gebetes dieses außerordentlich sympathischen Mannes hat mich auf das Tiefste erschüttert. Auch an der Richtstätte selbst verrichtete er noch ein kurzes Gebet und bestieg dann mutig und gefasst die Treppe zum Galgen. Der Tod erfolgte nach wenigen Sekunden. Ich habe in meiner fast 50-jährigen ärztlichen Tätigkeit kaum je einen Mann so gottergeben sterben sehen.«

Gott liebt die Atheisten

Ich kenne euer Tun: Ihr seid weder warm noch kalt.
Wenn ihr wenigstens eins von beiden wärt!
Aber ihr seid weder warm noch kalt; ihr seid lauwarm.
Darum werde ich euch aus meinem Mund ausspucken.

OFFENBARUNG DES JOHANNES 3,15–16

Gott liebt die Atheisten! Kann man die Botschaft aus der Offenbarung des Johannes überhaupt anders verstehen? Gott scheint Klartext zu sprechen: »Ihr seid weder warm noch kalt. Wenn ihr wenigstens eins von beiden wärt!«

Menschen, die noch nie etwas von Jesus gehört haben, die keine Vorstellung davon haben, wer oder was »Gott« sein soll, die nicht wissen, was beten bedeutet, die keinen Vers aus der Bibel kennen: das sind noch keine Atheisten! Atheisten sind solche, die bewusst die Existenz Gottes leugnen.

Und das ist etwas anderes, als wenn jemand sagt, er wisse nicht so recht, ob er glauben solle oder nicht, im Übrigen sei das aber auch nicht so wichtig, es gebe andere Probleme. Nein, ein Atheist ist überzeugt. Er kann sein Nicht-Glauben begründen. Er vertritt eine Position. Ein Atheist ist nicht lau!

Nein, eiskalte Atheisten sind wir nicht. Doch wer von uns gehört schon zu den Heißen, die glühen für das Reich Gottes? Wer hat den Glauben, der Berge versetzen kann? Wer traut den Verheißungen der Bibel?

Ich zumindest kenne die Unentschiedenheit nur zu gut, und besonders im Angesicht des Todes rüttelt sie an mir: Den Bildern vom paradiesischen Sein im Himmel möchte ich mich hingeben, doch der Verstand ruft mich zurück: Wie soll das ewige Leben denn aussehen und wo findet es statt? Sind das nicht antike Phantasien von Menschen, die sich einfach ein Nicht-Existieren kaum vorstellen konnten?

Nun, auch der Mensch des wissenschaftlichen Zeitalters dürstet nach ewigem Leben. Die christliche Antwort ist klar: Der Tod ist überwunden durch die Auferstehung Jesu. Ich möchte das glauben können, und manchmal kann ich es auch. Aber dann scheint mir das alles wieder – im wahrsten Sinne – so unglaublich zu sein. Ein Toter wird wieder lebendig? Wenn einer gestorben ist, den wir liebten, wenn er unter schwierigen Bedingungen gehen musste, dann erweisen wir Gott keinen Dienst, wenn wir ihn gegen die eigenen Zweifel und Anklagen in Schutz nehmen. Manches muss ungelöst bleiben.

Und sollte der Tod doch das Ende sein, der absolute Schluss: Welche Auswirkungen hätte das auf mein Dasein? Ließe ich alle moralischen Hürden umstürzen?

Dächte ich nur noch an mich, weil ich aus meinem Leben herausholen muss, was herauszuholen ist?

Dietrich Bonhoeffer dachte im Gefängnis – unter dem Eindruck des Krieges, der viele Leiden mit sich brachte – über das Verhältnis von Gott und Tod nach. Als Theologe kannte er die Antworten des Glaubens nur zu gut. Doch er wollte nicht vorschnell mit den traditionellen Lösungen alle Probleme überwinden.

Bonhoeffer wusste einerseits, dass Gott größer und weiter ist als alle unsere Vorstellungen von ihm. Und doch spürte er die Nähe dieses Gottes mitten im alltäglichen Leben, nicht nur in der Krise, auch im Glück. Gott zeigt sich nicht durch fromme Gefühle; er ist allezeit »jenseitig« gegenwärtig. Bonhoeffer schreibt: »Ich möchte von Gott nicht an den Grenzen, sondern in der Mitte, nicht in den Schwächen, sondern in der Kraft, nicht also bei Tod und Schuld, sondern im Leben und im Guten des Menschen sprechen.«

An den Grenzen schien es ihm besser, zu schweigen und das Unlösbare ungelöst zu lassen. Der Auferstehungsglaube sei nicht die »Lösung« des Todesproblems und das »Jenseits« Gottes nicht das Jenseits unseres Erkenntnisvermögens. Gott ist für Bonhoeffer mitten in unserem Leben jenseitig.

»*Ihr* seid lauwarm«, wettert der Bibeltext. *Wir* also sind gemeint: weder ganz gut, noch ganz schlecht; weder völlig egozentrisch, noch uns restlos verausgabend für andere; weder den Verlockungen der Welt verfallen, noch ihnen gegenüber standhaft; weder brennend für die Sache Jesu, noch gottlos. Eben lauwarm!

»Wärest du doch heiß oder kalt!« Was soll das denn heißen? Soll die Zweiflerin ihren restlichen Glauben über Bord werfen? Sollen wir wie die Fundamentalisten auf jede Frage eine Antwort parat haben, weil Antworten Sicherheit geben und wir die Unsicherheit nicht aushalten? Soll der Sünder seine immer wieder scheiternden Versuche der Umkehr aufgeben? Dann vielleicht lieber in vollen Zügen Unrecht und Unmoral genießen, wenn wir schon den Weg der Heiligkeit nicht zu gehen imstande sind?

»Weil du aber lau bist ...« Selbst eifrige Gemeindeglieder wagen es nicht, ihr Leben wirklich ganz auf dem Glauben aufzubauen; wagen es nicht, Gott ganz zu vertrauen; wagen es nicht, ihre letzte Hoffnung auf den zu setzen, den sie lautstark bekennen. Die heimliche Angst, es könnte doch alles Lug und Trug sein, die Angst, zu kurz zu kommen, die Angst, aufzufallen, lähmt und hemmt. Und so unterscheiden sich Christen kaum noch von anderen Leuten.

Nun kann man aber Glaube, Vertrauen, Liebe nicht auf Kommando erzwingen; all das muss einander geschenkt werden: Gott bietet sich den Menschen an, er steht vor der Tür und klopft. Doch diesem Gott werden die Tore nicht weit aufgerissen. Denn was er mit-

teilt, ist kein zärtliches Liebesgeflüster. Es ist starker Tobak! Und das ist vielleicht das Schlimmste: Er könnte ja
recht haben ...

Der Gott, an den ich glaube, verstößt uns nicht in
unserer lächerlichen Mittelmäßigkeit. Er vertraut uns,
dass wir geben, was wir können. Dann finden wir ihn,
mitten in unserem Dasein, an guten und schlechten Tagen. Für alle Zeit ist uns Leben in Fülle versprochen.

Zur Freiheit befreit

In einem Dorf bei Cottbus, nahe am Spreewald und der polnischen Grenze, wohnt mein Freund Helmut. Er wirkt dort als Pfarrer. Kennengelernt haben wir uns 1990 – da war die Mauer schon weg.

Auf der Rückfahrt von meinen Besuchen bei ihm erinnere ich mich immer daran, wie das war, wenn man als Westler die DDR nach einer Reise wieder verließ. Wie sehr freute ich mich damals, in Helmstedt – nach strengen Kontrollen – die Grenze zur Bundesrepublik passieren zu können, aus der Diktatur zurück in die Demokratie zu kommen.

Mit Helmut habe ich oft über die DDR gesprochen. Es wäre zu kurz gegriffen, sie als großes Gefängnis zu bezeichnen. Aber man hatte eben viel weniger die Freiheit, zu sagen, was man denkt, und zu tun, was man möchte.

Zu Recht sehen wir alle die Freiheit als hohes Gut an. Niemand möchte bevormundet, unterdrückt oder festgehalten werden. Doch aus der Freiheit muss man auch etwas machen. Hier in der westlichen Welt könnte man denken, wir verstünden darunter die Freiheit, aus fünfzig Handytarifen auswählen zu dürfen, aus achtzig Fernsehprogrammen oder hundert Schokoladensorten.

Freiheit heißt hier für viele: Ich tue, was ich will. Ich glaube, was ich will.

Zur Freiheit hat uns Christus befreit, sagt auch Paulus. Damit meint der Apostel aber etwas viel Größeres. Zum einen: Christen sind nicht mehr verpflichtet, das jüdische Gesetz mit seinen Geboten und Verboten zu halten. Zum anderen: Wir haben die Freiheit, uns für Christus zu entscheiden.

Wenn Paulus über den Gegensatz von Geist und Fleisch spricht, dann verstehe ich darunter den Konflikt, den wir wohl alle kennen: Wir haben erkannt, was der Glaube von uns fordert, aber bequem wie wir sind, folgen wir diesem Ruf nicht. Wir haben die Freiheit, uns für Christus zu entscheiden. Das heißt natürlich auch: Wir haben die Freiheit, uns gegen ihn zu entscheiden.

Davon erzählt eine kleine Episode aus dem Evangelium. Als Jesus mit seinen Jüngern in ein Dorf der Samariter kommt, nimmt man sie dort nicht auf. Für die Samariter haben Jesus und seine Leute den falschen Glauben. Zwei Jünger schlagen daraufhin vor, Feuer vom Himmel fallen zu lassen, als Strafe für die verweigerte Gastfreundschaft. Doch Jesus lehnt dies ab, er respektiert die Entscheidung für oder gegen ihn.

Aber Christus fordert sie auch, diese Entscheidung. Wir können uns nicht immer alles offen lassen. Jesus wirkt sogar ziemlich streng: Sein Weg ist nicht bequem, er fordert unseren Einsatz, er verlangt klare Prioritäten.

Warum zögern wir dann so oft, uns für ihn zu entscheiden? Vielleicht, weil wir uns fürchten, dadurch unsere Freiheit zu verlieren? Bin ich noch mein eigener Herr, wenn ich Gott in mein Leben hereinlasse?

Der französische Philosoph Jean-Paul Sartre hat einmal gesagt: Wir sind zur Freiheit verurteilt. Das könnte bedeuten: Was du tust und lässt, musst du begründen; es gibt nichts mehr, was »von selbst verständlich« wäre. Du bist Herr über dein Leben, aber du musst dich entscheiden und deine Entscheidung begründen.

Paulus sagt etwas anderes: Zur Freiheit hat uns Christus befreit! Wenn wir uns für Christus entscheiden, immer wieder neu, dann wird er unser Leben verwandeln: die kleinen Phantasien von Freiheit wird er weiten, damit wir schon hier und heute etwas vom Reich Gottes erfahren dürfen.

Das habe ich von meinem Freund Helmut aus Cottbus gelernt: Freiheit muss erkämpft und verteidigt werden. Freiheit ist Ergebnis von Mühe und Arbeit, und doch ein Geschenk. Sie ist Gabe und Aufgabe zugleich – wir müssen etwas daraus machen. Es lohnt sich! Freiheit braucht Courage!

Religion traut sich was

»Es gilt vom ernstesten Thema der Welt zu sprechen: vom Humor«, begann einmal Erich Kästner seine Ausführungen. Humor ist bekanntlich, wenn man trotzdem lacht: »Nachdem Gott die Welt erschaffen hatte, schuf er Mann und Frau. Um das Ganze vor dem Untergang zu bewahren, erfand er den Humor«, meinte weise der argentinische Cartoonist Guillermo Mordillo. Und einem klugen Mann gefiel jener Humor am besten, der ihn für fünf Sekunden zum Lachen und für zehn Minuten zum Nachdenken anregte. Vielleicht so: Als man den katholischen Priester Alfred Delp während der letzten Monate der nationalsozialistischen Gewaltherrschaft zur Hinrichtung führte, fragte er den Gefängnisseelsorger nach den letzten Nachrichten zum Frontverlauf im Krieg. Der Pfarrer konnte nicht mit Neuigkeiten aufwarten, darauf Delp: »In einer halben Stunde weiß ich mehr als Sie!«

Jean Paul sagte, Humor sei überwundenes Leiden an dieser Welt. Das klingt schon fast nach Theologie. Die Vertreter dieser Zunft haben versucht, den Humor mit der ihnen eigenen Ausdruckskompliziertheit zu fassen: Er sei der »Lebensvollzug säkularisierter Eschatologie«, kurz »Weltüberwindung«, wie der evangelische Pfarrer

Peter Bukowski in seinem lesenswerten Buch *Humor in der Seelsorge* seine Kollegen Rudolf Bohren und Helmut Thielecke zitiert. Humor sei ein Charisma, eine Geistesgabe. Und solche werden geschenkt, man kann sie nicht verdienen und kaum erwerben.

Montesquieu nannte den gravitätischen Ernst den »Schild der Dummen«. Wer hat es nötig, ihn schützend vor sich her zu tragen? Die Mächtigen. Sie fürchten sich vor der subversiven Kraft des Humors. Das gilt für große und kleine Tyrannen. Bevorzugtes Ventil ist der Witz, doch schon ein gelassenes Lächeln kann sie buchstäblich lächerlich machen. Dabei ist diese Art von Witz nicht mit Schadenfreude zu verwechseln, sondern eine Form des Selbstschutzes. Wer sich jede religiöse Verschrobenheit zu Herzen nimmt, wird erkranken.

So konnte der heilige Thomas Morus zu Recht um Humor beten: »Schenke mir eine gute Verdauung, Herr, und auch etwas zum Verdauen ...«

Als das Passagierschiff sinkt, kämpfen die Menschen ums Überleben. Ein Mann taucht aus den Fluten auf und schreit: »Gott, rette mich!« Ein anderer ruft ihm zu: »Du musst auch schwimmen!«

Diese Klugheit drückt auch ein altes arabisches Sprichwort griffig aus: »Vertraue dein Kamel der Güte Gottes an, aber binde es an einen Baum.«

Religiöse Menschen versuchen, auf ihr Leben Einfluss zu nehmen. Sie sagen nicht: »Es ist nun einmal alles so, wie es ist.« Sie glauben vielmehr, dass das Dasein verändert werden kann. Religion spendet Interpretationshilfen zum Verständnis der Welt und ethische Weisungen, wie man mit ihr umgehen soll.

Ob man die Religion nun nach Maßstäben der Wahrheit beurteilt (wie die Theologie) oder nach ihrer Funktionalität (wie die Religionswissenschaft): Damit allein wird man diesem komplexen Phänomen nicht gerecht. Denn Religion ist mehr als das. Eine ihrer noch relativ unerforschten Seiten ist die Frage ihres Unterhaltungswertes.

Auch nicht-religiöse Zeitgenossen genießen Früchte des Glaubens. Ohne Religion gäbe es viele wunderbare Kunstwerke nicht – keine Weihnachtsgeschichte, keine Fresken in der Sixtinischen Kapelle, keine Matthäus-Passion von Johann Sebastian Bach, keinen Kölner Dom ... Weit darüber hinausgehend, verfügt die Religion über ein Tröstungspotenzial, das keine innerweltliche Ideologie aufzubringen vermag: Der Mensch lebt nun einmal in den engen Grenzen von Raum und Zeit, seine Sehnsucht aber drängt ihn nach dem »Mehr« dahinter, spürt er doch jeden Tag am ungestillten Hunger nach Liebe, dass er noch nicht im Himmel angekommen ist.

Unterhaltung und Religion? Widersprechen sich diese beiden nicht? Denkt nicht manch einer beim Stichwort Religion sofort an langweilige Gottesdienste (wo man als Kind aus Verzweiflung Kirchenbänke oder Lampen zählte, seinen Namen in die Bank ritzte oder das Gesangbuch aus Mutwillen zerfledderte)? Kommen einem nicht nervtötende Unterrichtsstunden in den Sinn, die man einzig in der Hoffnung durchstand, möglichst billig ein »Gut« fürs Zeugnis abstauben zu können? Zwar heißt es im »Anmutigen Blumenkranz aus dem Garten der Gemeinde Gottes, ans Licht gegeben im Jahre 1712« (und zu finden in »Des Knaben Wunderhorn«), Erziehung zur Andacht sei auch durch Langeweile möglich, im Sinne von Reizentzug, der einzig den Weg zu Gott offen lasse. Doch bereits Sören Kierkegaard nannte die Langeweile die Wurzel alles Bösen:

Es ist sonderbar genug, dass Langeweile, die selbst so ein ruhiges und bedächtiges Wesen ist, solche Kraft haben kann, in Bewegung zu setzen. Es ist eine ganz und gar magische Wirkung, welche die Langeweile ausübt, nur dass diese Wirkung nicht anziehend, sondern abstoßend ist. [...]Adam langweilte sich allein, dann langweilten sich Adam und Eva zusammen, dann langweilten sich Adam und Eva, Kain und Abel en famille; dann nahm die Volksmenge auf Erden zu, und die Völker langweilten sich en masse. Um sich zu zerstreuen, fassten sie den Gedanken, einen Turm zu bauen, der so hoch sei, dass er in die Wolken rage. Dieser Gedanke war ebenso langweilig, wie der Turm hoch war und ein erschreckender Beweis dafür, wie sehr die Langeweile überhandgenommen hatte ...

Nun, seit Kierkegaard um die Mitte des 19. Jahrhunderts in Kopenhagen wirkte, hat sich die Welt gründlich verändert: Alles unterliegt dem Zwang, unterhaltsam zu sein, jeder Lebensvollzug gehorcht dem Diktat des Vergnügens. Der Mensch des 21. Jahrhunderts ist verpflichtet, Spaß zu haben.

Nur die Religion gilt weithin immer noch als Inbegriff von Weltverneinung, also Ablehnung all dessen, was schön ist und Freude macht. Ein alter Witz erzählt von der Frau, die aus dem Gottesdienst heimkehrt und ihrem Mann berichtet, der Pfarrer habe über die Sünde gesprochen. »Und, was hat er gemeint?«, will der Gatte wissen. Seine Frau antwortet: »Er war dagegen.«

Postmoderne religiöse Bewegungen dagegen, sogenannte »Designerreligionen« in der Art von zusammengemixtem Instant-Glauben, geben nur und fordern nichts. Denn der Mensch unserer Zeit will vor allem die Botschaft hören, er sei gut, so wie er ist – auch wenn man aller Erfahrung nach zu einem anderen Urteil kommen müsste. Im Grunde ist die erfolgreichste Mission der Menschheit die von Coca-Cola; man trinkt sie im letzten Winkel der Erde, im Vertrauen darauf, erfrischt zu werden, die mühselige Last für einen Moment abladen und am Heil des kapitalistischen Paradieses teilhaben zu können. Kaum verwunderlich also die Antwort eines Teenagers in Kalifornien auf meine Frage, was das Besondere an seiner Freikirche sei: »Have fun!«

Die traditionellen Religionen hingegen neigten immer wieder dazu, ihre Gläubigen mit dogmatischen und moralischen Anforderungen zu knechten. Im Extremfall konnten daraus krankhafte Ängste erwachsen: die Angst zu sündigen, Angst vor der Sexualität, Angst vor der Hölle. Der religiöse Druck, als Mensch nie zu genügen, immer unvollkommen zu sein, wirkt schließlich abstoßend; dann wird die Abkehr von der Religion zur Befreiung.

Auch wer »religiös unmusikalisch« ist, wie der Soziologe Max Weber sich einmal selbst bezeichnete, wird zugeben müssen, dass Religion manchem Lebensbereich eine gewisse Würze verleiht. Denn Religion und Unterhaltung sind grundsätzlich keine Gegensätze. Allerdings traut sich die Religion auch zu thematisieren, was nicht so lustig ist: die Suche nach Sinn, das Ringen um den rechten Weg, der allen Menschen ein würdiges Leben ermöglicht, und den Tod beispielsweise. Religion lässt sich nicht durch das Diktat der Spaßgesellschaft in die Knie zwingen. Wenn sie sich ihr allerdings in übertriebenem Eifer anpassen will, dann wird sie (unfreiwillig) komisch. Kurz: Religion kann nicht allein am Unterhaltungswert gemessen und schon gar nicht allein durch diesen Blickwinkel verstanden werden.

Ein irisches Sprichwort sagt: Gott schenkt dir das Gesicht, lächeln musst du selber. Es sollte öfter dazu benutzt werden, das Gesicht. Die Welt ist nicht zum Lachen, aber manche Gelegenheit bietet sich doch. Auch die Religionen – unvollkommene, aber von Herzen kommende Versuche, mit Gott umzugehen – tragen ihr Scherflein zur Unterhaltung bei. Man braucht bloß den Mut, diese angenehme und komische Seite eben angenehm und komisch zu finden.

Sprich nur ein Wort

Stellen wir uns vor, wir hätten eine Prüfung abzulegen. Und kurz bevor es losgeht, kommt ein Freund oder eine Freundin und gibt uns die Worte mit auf den Weg: »Du bestehst sowieso nicht!« Oder: Wir gehen mit unserer Fußballmannschaft auf den Platz, und kurz bevor das Spiel angepfiffen wird, sagt der Trainer: »Wir verlieren bestimmt!« Oder: Sie sollen bei einem festlichen Anlass eine Rede halten. Und gerade, als Sie loslegen möchten, klopft Ihnen jemand auf die Schulter mit den Worten: »Das wird schiefgehen!«

Worte haben Wirkungen. Worte können uns traurig stimmen, den Mut nehmen und bewirken, dass wir uns klein und schwach fühlen. Sie können uns aber auch fröhlich stimmen, uns Mut geben und bewirken, dass wir uns gut und stark fühlen.

Als meine Mutter noch lebte, verabschiedete sie mich nach meinen Besuchen – auch, als ich bereits ein erwachsener Mann war – stets mit den Worten: »Jung', du schaffst das!« Das war keine billige Floskel, wie sie Showmaster manchmal im Fernsehen von sich geben: »Passen Sie gut auf sich auf!« oder ähnlich hohle Phrasen. »Jung', du schaffst das!«, das hatte die Qualität eines Segens; das war im wahren Sinne ein Zu-Spruch.

So viele Worte, jeden Tag: leere Worte, Widerworte, Schimpfworte, Modeworte. Worte können erklären, helfen, trösten, sogar erlösen, aber auch verletzen, verschleiern, ersticken. Manchmal fehlen uns die Worte. Wer wünscht sich nicht jeden Tag ein gutes Wort, eines, das ermutigt, das zum Nachdenken anstößt? Wer schenkt mir dieses gute Wort – und wem schenke ich eins?

Worte bergen Potenzial. Worte haben Macht. Manchmal sogar einzelne Wörter, wenn sie – wie etwa beim Militär – befehlen: »Achtung! Stillgestanden! Wegtreten!« Das sind konkrete Handlungsanweisungen, die von den Soldaten ausgeführt werden müssen.

Ein Soldat spielt auch in einer Geschichte eine entscheidende Rolle, die das Neue Testament erzählt: In Kapernaum, einem Fischerdorf im Norden Israels, tritt ein römischer Hauptmann an Jesus heran und bittet ihn um Hilfe für seinen kranken Diener. Der liege gelähmt im Bett und leide entsetzlich. Jesus fragt den Mann: »Soll ich zu dir kommen und ihn heilen?« Doch der Hauptmann weist das zurück. Er will damit Jesus schützen. Für Juden gelten die Römer nämlich als Heiden: als Menschen mit dem falschen Glauben. Wer sich mit ihnen abgibt, macht sich rituell unrein. Deswegen ist es den Juden verboten, das Haus eines Römers zu betreten. Außerdem sind die Römer damals Besatzungsmacht in Galiäa und Judäa. Sie können über die Juden in vielen Bereichen bestimmen. Dass ein Römer einen Juden um etwas bittet, ist schon ungewöhnlich. Und vor allem mutig!

Der Hauptmann stellt sich die Sache so vor: Jesus soll nur ein Wort sagen, dann werde der Diener bestimmt gesund. Und er erklärt: Als Hauptmann hat er Vorgesetzte über sich und einfache Soldaten unter sich. Er weiß um die Macht der Worte. Sagt er einem: Geh! – dann geht er. Befiehlt er einem: Komm! – so kommt er. Verlangt er: Tu das! – so tut der Untergebene, was von ihm verlangt wird.

Der Hauptmann in dieser Geschichte vermischt mit seiner Argumentation die Ebenen. Vor dem Soldaten erteilt der Hauptmann ein Kommando im direkten Kontakt. Außerdem steht ihm das Befehlen durch die Militärhierarchie zu. Der Römer sieht offensichtlich in Jesus jemanden, der über die Krankheit seines Dieners herrschen kann – und das sogar per Fernheilung.

Im überlieferten Bibeltext ist Jesus sehr überrascht vom Vertrauen, das der Römer in ihn setzt. Er honoriert dessen Courage und meint sogar, in Israel habe er sonst bei keinem einen solch starken Glauben gesehen. Und siehe da, der Diener wird gesund.

»Sprich nur ein Wort« – dahinter steckt eine magische Vorstellung. Nämlich die, dass allein das Aussprechen eines Wortes etwas zu tun vermag. Ein Wort als Zauberspruch? Auch wenn schwere Krankheiten nicht durch ein Wort geheilt werden können: Es gibt tatsächlich Wörter, die etwas bewirken.

Eines dieser Wörter heißt: »Entschuldigung!« Wenn ich etwas falsch gemacht habe und mein Fehlverhalten aufrichtig einsehe, dann wirkt das Wort »Entschuldigung« ganz und gar erlösend. Nicht nur für den, den ich geschädigt habe, sondern auch für mich selbst. Aber oft hindern mich Kleinmut oder Stolz daran, um Verzeihung zu bitten.

Eine Ent-Schuldigung kann man natürlich nicht fordern. Mancher raunzt ein »Sorry« und meint, das Wort allein würde alles wiedergutmachen. Nein, um Entschuldigung muss man bitten. Dann kann sie gewährt werden. Dann ist Versöhnung möglich.

»Das Wort gleicht der Biene. Es hat Honig und Stachel.« So heißt es im Talmud, einem Buch der jüdischen Tradition. Honig und Stachel, das bedeutet: Ein Wort kann sowohl süß schmecken als auch stechen. Ob es das eine oder das andere tut, hängt manchmal gar nicht von dem Wort selbst ab, sondern von dem Zusammenhang, in dem es gesprochen wird. Nehmen wir die Grundwörter Ja und Nein. Wir benutzen sie täglich in ungezählten Situationen: »Möchtest du noch Kaffee?«, werden wir gefragt, und ob wir ja oder nein antworten, davon hängt nicht viel ab. Die Verkäuferin fragt: »Darf's sonst noch was sein?«, und wir sind frei, zu entscheiden.

»Ja« – ein Wörtchen mit zwei Buchstaben nur, eines der kürzesten in unserer Sprache. Auch in einigen anderen Sprachen hat das Ja nur eine Silbe: yes, oui, sì oder russisch »da«. Auch die Verneinung ist fast überall kurz: no, non, njet. Oft gebrauchte Wörter sind praktischerweise kurz. Und doch können diese kleinen Wörter starke Wirkungen erzielen, sogar im juristischen Sinn. Etwa wenn ein Paar auf dem Standesamt gefragt wird, ob es die Ehe miteinander eingehen will. Da müssen beide Ja sagen, und nur Ja. Da gibt es kein »Ja, aber«, kein »Vielleicht«, keine einschränkende Bedingung: Ja, wenn es denn gut geht ...

Manchmal braucht es auch ein entschiedenes Nein. Angefangen bei der Kindererziehung, wenn wir den Kleinen deutlich machen müssen: »Nein! Lass die Finger von der heißen Herdplatte.« Oder: »Nein, du darfst das Licht nicht dauernd an- und ausschalten.«

Ein »Nein!« ist notwendig, um sich zu schützen: Wenn wir von jemandem nicht angesprochen oder gar angefasst werden wollen, müssen wir unmissverständlich und mutig »Nein!« sagen. Vielleicht geraten wir auch in Lebenssituationen, die uns nicht bekommen – in der Beziehung, bei der Arbeit, in anderen Zusammenhängen. Und wenn wir uns dann fragen: »Muss ich mir das antun?«, dann dürfen wir getrost mit Nein antworten.

Nein zu sagen ist ein Akt der Abgrenzung. Menschen, die nicht Nein sagen können, haben ein Problem. Sie wollen vielleicht niemanden verletzen, indem sie etwas ablehnen. Aber das kann auf Dauer nicht gutgehen. Nein zu sagen, kann man lernen, muss man lernen. Das ist zumindest in unserer europäischen Kommunikation so. In fernöstlichen Kulturen gilt ein Nein als unhöflich. Man umgeht die Verneinung, um sein Gegenüber nicht zu verletzten. Auch in unserer vom Christentum geprägten Kultur fällt es oft genug nicht leicht, Nein zu sagen. Von Jesus ist das Wort überliefert: »Euer Ja sei ein Ja, und euer Nein ein Nein.«

Was aber ist eigentlich das erste Wort, das wir Menschen sprechen? Die ersten Worte sind ziemlich unterschiedlich, aber »Mama« und »Papa« zu sagen, lernt ein Kind bereits ganz jung. Und dann sagen die Kleinen auch gern »Auto«, »Wauwau« oder die Namen der Geschwister. Auffallend ist: Das Wort »ich« gehört nicht zu den früh beherrschten. Kleinkinder fühlen sich noch ganz mit ihren Eltern verbunden. Später wird das ein Thema fürs ganze Leben: Ich!

Wer ist das, dieses »Ich«? Das ist die Frage nach unserer Identität. Zugegeben, mir gehen Zeitgenossen auf die Nerven, die am liebsten von sich selbst sprechen, bei denen jeder Satz mit »ich« beginnt. Aber es ist auch nicht leichter, mit jemandem umzugehen, der überhaupt nicht »ich« sagen kann. Nur wer zu sich selbst steht, kann, im Wortsinne seiner selbst bewusst, »ich« sagen. Aber ein »Ich« bleibt einsam, wenn es kein »Du« hat.

Irgendwann
kannst du nicht mehr davonlaufen
irgendwann
wenn dir die Ausreden ausgegangen sind
wirst du dich stellen müssen
deine Bedürftigkeit zugeben
deine Hilflosigkeit bekennen
deine gespielte Stärke und Härte ablegen
der Auseinandersetzung nicht mehr
ausweichen können
die totale Unabhängigkeit
und Freiheit preisgebend
so auch deinen Stolz
nichts und niemanden zu brauchen

du wirst dich festlegen und binden
wirst Farbe bekennen müssen
und wollen
dann, müde geworden,
wenn du keine Angst mehr haben musst
zu sein wie du bist
wenn du die Kraft gefunden hast
dein Ja zu sagen
findest du die Ruhe,
die du suchst

allein
kommst du nicht
zu dir selbst

Emanzipation =
Entlassung aus dem Sklavendienst

Es gibt zwar viele Frauen, aber gibt es »die« Frau? Es gibt zwar viele Männer, aber gibt es »den« Mann?

Wenn es um das andere Geschlecht geht, ist man eher geneigt zuzustimmen. Zwei Männer im Gespräch klagen über »die« Frauen (die morgens stundenlang vor dem offenen Kleiderschrank verharren), würden es aber zurückweisen, als Vertreter »des« männlichen Geschlechts schlechthin angesehen zu werden.

Was hat schon die rumänische Verkäuferin mit der Sängerin in New York zu tun? Und was verbindet den belgischen Bauern mit einem Staatsmann aus Burkina Faso? Allein das Geschlecht? Sind nicht die Zeiten vorbei, in denen man das schön in Schubladen sortieren konnte: Frauen sind für die »drei K« da (Kinder, Küche, Kirche), außerdem übernehmen sie in einer Partnerschaft die Abteilung für Gefühle und Soziales; Stichwort: häuslich! Männer hingegen haben stark zu sein, verdienen das Geld (und verfügen darüber), machen alles mit dem Kopf. Wo trifft dieses Klischee noch zu?

Aus dem alten China kommt die Lehre des Yin und Yang. Es ist die Lehre der versöhnten Gegensätze. Übersetzt bedeuten die Begriffe »dunkel« und »hell«. Es ist nicht eines besser als das andere. Erst die Helligkeit lässt uns die Dunkelheit schätzen, erst die Dunkelheit macht den Wert der Helligkeit bewusst. Zum Prinzip des Yin und Yang zählen auch andere Gegensatzpaare: weiblich-männlich, ruhig-bewegt, warm-kalt und so weiter. Damit ist gemeint, dass sich die Prinzipien ergänzen müssen, damit Harmonie entsteht.

Dieser Vorgang findet nicht nur zwischen Partnern statt. In jedem einzelnen Menschen finden sich die gegensätzlichen Prinzipien. Jeder hat in sich »männliche« und »weibliche« Anteile, die Frau und der Mann. Die Kunst besteht darin, diese Anteile zum Ausgleich zu bringen.

»Wir werden nicht als Mädchen geboren, wir werden zu Mädchen gemacht«, lautete einst eine Kampfparole der Frauenbewegung. Es ist viel Wahres daran: Die geschlechtsspezifische Erziehung beginnt beim Kleinkind. Das kleine Mädchen bekommt Puppen, Kochtöpfchen und Spielbügeleisen geschenkt, wird somit schon früh an seine Rolle als Versorgerin gewöhnt. Später erhält es Bücher, die mehr die Gefühle ansprechen als den Verstand. Nachweislich bevorzugen Frauen auch als Erwachsene Romane und Unterhaltungsliteratur, Männer hingegen Sachbücher. Der Junge darf durch Autos Mobilität einüben, die Modelleisenbahn weckt sein Interesse an der Technik, »Mann«schafts- und Kampfsportarten lenken seine Aggressionen in geordnete Bahnen.

Wir erziehen unseren Kindern das typische Verhalten der Geschlechter an. Mit »wir« ist dieses unbestimmte Etwas gemeint, das sich »Gesellschaft« nennt: Eltern und Großeltern erziehen mit, der Kindergarten, die Schule, die Kirche, das Fernsehen, der Sportverein und die anderen Kinder auf dem Schulhof und auf der Straße. Sie alle haben Vorstellungen von Richtig und Falsch, die wiederum zu den Kategorien »dazugehören« und »Außenseiter« führen.

Meine Frau und ich wollten gegen den Strom schwimmen. Unseren Kindern sollten alle Optionen offenstehen. Aber Theresia wollte von den angebotenen Werkzeugen nichts wissen; ihr Augenmerk galt den Haarspangen und Ohrringen. Und Lukas – Sohn zweier Pazifisten – machte aus einer Banane, aus Legosteinen, aus einem zurechtgebissenen Butterbrot, notfalls aus der rechten Hand – eine Pistole! Woher, warum? Was haben wir falsch gemacht? Wir wissen nicht, was erblich bedingt und angeboren ist und was anerzogen. Die Grenzen sind wahrscheinlich fließend.

Viele Frauen haben gegen die ihnen zugedachte Rolle aufbegehrt. Sie wehrten sich gegen eine Welt, die sie zu Dienerinnen der Männer degradiert. Dieser umwälzende Prozess der Emanzipation wurde schon vor mehr als hundert Jahren von mutigen Frauen in die Wege geleitet und dauert bis heute an. Einiges, was heute selbstverständlich ist, musste mühsam erkämpft werden: Das

Wahlrecht, das Recht zu studieren, ja selbst das Recht, sich gegen die Vergewaltigung durch den Ehemann wehren zu dürfen. Unfassbar, dass dieses letztgenannte Recht auch dasjenige war, das zuallerletzt gesetzlich festgeschrieben wurde.

Die Emanzipation der Frauen ist noch lange nicht abgeschlossen. Oder ist die Fertigkeit zu bügeln in den Genen angelegt? Wenn nicht, warum liegt dann das Bügeleisen immer noch so fest in Frauenhand? Wollen sie es vielleicht nicht hergeben? Frauen tragen die Last des Haushalts (auch wenn sie berufstätig sind), sie erziehen die Kinder. Für gleiche Arbeit bekommen sie nicht den gleichen Lohn wie die männlichen Kollegen. Dem beruflichen Aufstieg steht manchmal die Befürchtung der Arbeitgeber entgegen, die so geschätzte Mitarbeiterin könne ja schwanger werden.

Der Emanzipation der Frau muss die Emanzipation des Mannes folgen. Wie mir Diskussionen in meiner Männergruppe zeigten, leidet auch »das starke Geschlecht« unter Anforderungen, denen »Mann« kaum gewachsen ist: »reiß dich zusammen« (statt schwach sein zu dürfen), »du bist der Ernährer« (auch wenn der Beruf unglücklich macht), »stell etwas dar« (obwohl einer lieber unauffällig sein möchte). Männern fällt es oft noch schwerer als Frauen, in ihr Innerstes zu horchen. Sich dann auch noch mit anderen darüber auszutauschen, fällt nicht leicht, wenn man mit der Botschaft »Indianer kennen keinen Schmerz« groß geworden ist.

Was über das Thema Frau und Mann bisher geredet wurde, könnten Bibliotheken nicht fassen. Die Schriftstellerin Esther Vilar hat seinerzeit die gängige Betrachtungsweise umgedreht. Nicht die Frau sei das unterdrückte Wesen, von wegen: Sie benutze den Mann für ihre Zwecke. Der Mann aber verdiene für seine armselige Erscheinung auch kein Mitleid. Das Resümee ihres Buches *Der dressierte Mann* ist starker Tobak: Der Mann werde von der Frau so dressiert, dass er ohne sie nicht leben könne, und deshalb tue er alles, was sie von ihm verlange. Er kämpfe um sein Leben und nenne das Liebe. »Aber auch die Frau kann ohne den Mann nicht existieren, sie ist für sich allein so lebensuntüchtig wie eine Bienenkönigin. Auch sie kämpft um ihr Leben, und auch sie nennt das Liebe.« Für die Frau bedeute Liebe Macht, für den Mann Unterwerfung.

Was halten wir davon? »Alle Menschen sind gleich« – aber nicht gleichartig. Frauen und Männer unterscheiden sich. Das begründet ja die gegenseitige Anziehungskraft seit dem sechsten Schöpfungstag.

Das Leben als Improvisation

Wer kennt dieses Gefühl nicht: Da blickt einen jemand an; man weiß nicht sofort, wer das ist, ahnt aber, dass man einander kennt. Die Lösung erscheint dann banal: das eigene Gesicht im Spiegel ist es, das so fremd wirkt ... »Bin das ich?«, fragt man.

»Ich«, das sagt sich so leicht. »Ich bin« – und dann kommt ein Name. Aber was hat das alles mit mir zu tun? Wer versteckt sich hinter diesem »Ich«? Mit tausend Masken geht dieses Ich durch die Welt, spielt Theater, kennt ein Familien-Ich, ein Öffentlichkeits-Ich, ein Freundes-Ich. Überall ist »Ich« ein anderer. Aber deckt sich das Ich mit mir? Wie oft tun wir das, was die anderen von uns erwarten – obwohl wir es eigentlich gar nicht möchten. Wir lächeln, obwohl uns zum Heulen zumute ist. Wir schweigen, dabei wollen wir schreien.

Die Psychologie nennt den Prozess der Ich-Werdung »Individuation«. Das ist ein notwendiger Weg, der unterschiedlich lange dauert. Manche schreiten flott auf ihm voran, andere mühen sich ein Leben lang. Und wer könnte wirklich gegen den Zweifel an sich selbst immun sein? Zeugt nicht gerade das Sich-selbst-in-Zweifel-Ziehen von Reife?

Wenn wir an unserer eigenen Kraft, unserem Können, unserer Ausdauer, Intelligenz, Geduld oder Attraktivität zweifeln, dann kann das erst einmal zeigen, dass wir bereit sind, uns nicht als Mittelpunkt der Welt zu begreifen. Wird dieser Selbstzweifel allerdings überzogen, bewirkt er das Gegenteil: eine egozentrische Perspektive.

Doch man kann auch an der Richtigkeit großer Lebensentscheidungen zweifeln: War es klug, diesen Beruf zu erlernen? Hätte ich besser einen anderen Partner gewählt? Ist mir der Wohnortwechsel bekommen? – Manches möchte man am liebsten rückgängig machen, aber wir leben vorwärts; alles, was in unserem Leben geschehen ist, gehört zu uns und unserer Geschichte. Sich damit zu versöhnen, macht das Leben leichter.

Aber wenn wir unter unerfüllten Träumen leiden, das Vertrauen zu uns selbst verlieren und am Ende den Sinn des Ganzen in Zweifel ziehen, dann droht der fließende Übergang vom Zweifel zur Verzweiflung. Der dänische Philosoph Sören Kierkegaard unterteilte einst: »Zweifel ist Verzweiflung der Gedanken, Verzweiflung ist Zweifel der Persönlichkeit.« – Letzteres ist destruktiv: wenn jemand an seiner eigenen Persönlichkeit zweifelt, dann fällt er in ein tiefes Loch. Solange der Zweifel nur in den Gedanken stattfindet, kann er sogar belebende Wirkung entfalten.

Die großen Menschheitsfragen: »Wer bin ich? Woher komme ich? Wohin gehe ich?« – wer könnte sie abschließend beantworten? Der Zweifel bleibt. Der Zweifel bohrt. Und so neigen wir doch zu endgültigen Antworten, und sei es das großherzige Bekenntnis des Sokrates: »Ich weiß, dass ich nichts weiß.« Damit wäre nämlich der Zweifel schon fast überwunden. Das Ziel ist nicht erreicht, wenn alle Zweifel getilgt sind, sondern wenn wir den Zweifel in unsere Persönlichkeit integrieren können.

In diese Richtung geht auch, was der Chiropraktiker Jean-Paul Pianta in seinem Buch *Die Kunst, ein Floß zu steuern in stürmischen Zeiten* schreibt:

In einer chaotischen Welt, die weder das oberste Prinzip noch das ernsthafte Anliegen hat, uns das Leben zu erleichtern, kann und muss jeder Mensch danach streben, sich die Freiheit im Denken zurückzuerobern. Denn sie ist die Voraussetzung, wenn man die Verantwortung für sein Leben und seine Entscheidungen selbst übernehmen will. Außerdem erleichtert sie die Eingliederung in eine immer komplexer werdende Gesellschaft. Dieser Schritt ist kein überflüssiger Luxus, sondern eher Ausdruck eines nützlichen Überlebensinstinktes.

Pianta meint, um die alten Sicherheiten, Überzeugungen und Gewohnheiten in Frage zu stellen, benötige man genug Flexibilität, um dem Zweifel die Tür einen Spalt breit zu öffnen. Er sieht das Problem darin, dass unser System dem Zweifel misstraue und der Sicherheit den Vorzug gebe. »Es ist jedoch für jeden von vitaler Bedeutung, sich mit dem Gedanken vertraut zu machen, dass Unsicherheiten ein integraler Bestandteil des Programms sind.« Wer nur gehorche und sich in Geduld übe, bis sich die Dinge verbesserten, der würde bald desillusioniert merken: Das Gegenteil trete ein, die Dinge würden schlimmer, wenn wir nicht handelten.

Ähnlich argumentiert einer, der von seinen Anhängern als »provokant spiritueller Meister« angepriesen wird: »Sprich nicht von Unsicherheit, nenne es Freiheit. Mut bedeutet nicht, frei zu sein von Angst, sondern vielmehr, sich im vollen Bewusstsein seiner Ängste mit ihnen zu konfrontieren. Mut ist die Bereitschaft, der fundamentalen Unsicherheit des Lebens zu begegnen und sie als das grundlegende Mysterium unserer Existenz zu achten.« – Durchaus bemerkenswerte Gedanken, doch allein das Wissen, dass sie vom schillernden Guru »Osho« stammen (den man einst Bhagwan Shree Rajneesh) nannte, lässt mich zögern, einfach so zuzustimmen. Es klingt mir etwas zu glatt, zu einfach. Und ist wirklich die Unsicherheit des Lebens das grundlegende Mysterium unserer Existenz? Menschen, die Gott vertrauen, haben noch eine andere Perspektive im Blick.

Kein Zufall

Gott hat dich gewollt
dich im Original
er hat dich beschenkt
mit deinen Fähigkeiten
mit deinem Aussehen

sei du selbst
finde deinen eigenen Weg
passe dich nicht
irgendwie an
weil es bequemer scheint

sei du selbst
sage nichts
glaube nichts
tue nichts
nur um anderen zu gefallen
wenn es deinem Gewissen widerstrebt

sei du selbst
und du hast den ersten Schritt
in ein erfülltes Leben getan

Für das erfüllte Leben sind viele dieser Schritte nötig. Der Mut zum Beispiel, die Dinge so zu sehen, wie sie sind. Nicht nur sie zu sehen, wie wir sie gerne hätten. Die Treue zu sich selbst kann es erforderlich machen, den eingeschlagenen Weg zu verändern oder zu verlassen: eine Beziehung zu beenden, einen Beruf aufzugeben, aus einer sozialen Einheit auszusteigen. Oder endlich das Coming-out zuzulassen. Das können schmerzliche Prozesse sein. »Wie kannst du nur!«, wird uns vielleicht die Umgebung vorwerfen. Familie, Kirche, Gesellschaft, Freunde, Kollegen – alle haben Vorstellungen von Richtig und Falsch. Doch wer könnte bestimmen, wie wir leben sollen, wenn nicht wir selbst? Dieser Verantwortung können wir nicht entrinnen.

»Das Dasein ist köstlich – man muss nur den Mut haben, sein eigenes Leben zu führen.« (Peter Rosegger) Zum eigenen Leben gehört auch das Scheitern. Als meine Frau und ich zu Fuß zu unserer kirchlichen Hochzeit gingen, hatten wir vor dem Fest noch einmal eine Viertelstunde ganz für uns allein. An der Fußgängerampel gaben wir uns ein Versprechen: Wenn es gar nicht mehr geht, dann trennen wir uns, bevor wir uns im Streit gegenseitig kaputt machen. – Wie ich erst später erfuhr, wäre diese Zusicherung prinzipiell ein Grund, unsere Ehe nach kirchenrechtlichen Maßstäben als ungültig anzusehen: Weil wir den Schiffbruch einkalkulierten. Ich bin überzeugt, diese Option, sich im allerschlimmsten Notfall auch wieder aus der Ehe lösen zu können, hat uns letztlich beieinander gehalten. Wir müssen nicht ein Paar bleiben, wir wollen es!

Alles kann anders werden als geplant. Das Leben geht dennoch weiter. Mit Optimismus und Gottvertrauen und Geduld klappt es.

Kein Aufschub

irgendwas geht immer schief
das Wetter spielt nicht mit
das Essen misslingt
Gäste, auf die ich mich freute,
sagen ab

ich muss also improvisieren
es wird ganz anders werden
als ich es mir vorgestellt habe
aber: das Fest findet statt
und zwar heute!

Spielregeln fürs Leben

»Wie soll ich das meinen Leuten bloß beibringen?«, mag sich schon Moses gedacht haben, als er mit den Steintafeln vom Berg herabstieg. Wer lässt sich schon gerne belehren? Wer lässt sich gerne vorschreiben, was er tun und lassen soll? Wer akzeptiert schon gerne jemanden, der bestimmt, wo's langgeht?

Das ist den Menschen wahrscheinlich noch nie leichtgefallen. Heutzutage fragen viele nicht einmal mehr, ob es überhaupt Richtig und Falsch, Gut und Böse gibt in unserer Welt. Wozu auch? Ist denn nicht jeder sich selbst der Nächste? Kann man nicht einfach sagen: Gut ist, was mir nützt, schlecht ist, was mir schadet? Warum soll man sich da noch für so etwas wie die Zehn Gebote interessieren?

Nach verbindlichen Regeln zu leben, ist nicht einfach. Aber es ist auch nicht unmöglich. Wenn wir bereit sind, uns mit den Zehn Geboten auseinanderzusetzen, dann können wir erkennen, was sie uns heute sagen wollen. Die Zehn Gebote muss man nicht als strenge Vorschriften verstehen, die einen unter Druck setzen und die Freiheit beschneiden sollen. Im Gegenteil! Man kann sie auch als »Angebote« verstehen: Wer sich bemüht, nach den Zehn Geboten zu leben, kann sich von manchen Zwängen befreien. Denn auch unsere moderne Zeit, die uns anscheinend so viel Spielraum zur persönlichen Entfaltung lässt, setzt uns unter Druck. Wer nichts leistet, wer nichts hat, wer alt oder krank ist, wer anders ist, wer anders denkt, der gehört nicht dazu ...

Die Zehn Anti-Gebote

1. *Du sollst andere Götter neben Gott haben!*
   Oder: Gott ist, worauf du dich verlässt.
2. *Du sollst dir ein Gottesbild machen!*
   Oder: Du weißt ganz genau, wie er ist.
3. *Du sollst den Namen Gottes missbrauchen!*
   Oder: Himmel, Herrgott, Sakrament!
4. *Du sollst den Feiertag nicht heiligen!*
   Oder: Es muss immer was los sein.
5. *Du sollst Vater und Mutter nicht ehren!*
   Oder: Ihr Alten, aus dem Weg!
6. *Du sollst töten!*
   Oder: Keine Rücksicht auf Verluste.
7. *Du sollst die Ehe brechen!*
   Oder: Treue ist von vorgestern.
8. *Du sollst stehlen!*
   Oder: Unterm Strich zähl ich.
9. *Du sollst falsches Zeugnis ablegen!*
   Oder: Der Ehrliche ist der Dumme.
10. *Du sollst begehren!*
    Oder: Nimm, was du kriegen kannst.

»Ja, ja, die mussten wir im Konfirmandenunterricht, die mussten wir im Firmkurs auswendig lernen, die Zehn Gebote.« Schrecklich! Dieser ewig erhobene Zeigefinger. Diese Drohgebärde. Dieser Druck: du sollst, du darfst nicht, du musst! – Die Zehn Gebote: Eine fürchterliche Einengung der Freiheit eines Menschen! Und das fordert Gott persönlich!

Anscheinend ist Gott nicht gerade großzügig. Eher spießig und streng. Er gönnt nichts, was schön ist und Spaß macht. Oder wie kann man diese Aneinanderreihung von Geboten und Verboten anders verstehen?

Wir können die Zehn Gebote auch von einer anderen Perspektive aus betrachten. Sie sind wichtig, sie sind grundlegend. Aber: Sie sind nicht das Erste und Wichtigste, was Gott den Menschen sagen will! Die bedeutendste Botschaft Gottes an die Menschen ist eben nicht eine nach dem Muster: Tu dies und lass jenes. Die bedeutendste Botschaft Gottes an die Menschen lautet: Du bist geliebt, du bist angenommen!

Wenn mich jemand liebt, wenn ich einem Menschen vertrauen kann, wenn ich weiß, er meint es gut mit mir – dann kann ich mir von ihm auch etwas sagen lassen. Dann kann ich seinen Rat annehmen. Dann kann ich notfalls unangenehme Wahrheiten akzeptieren.

Gleiches gilt für unsere Beziehung zu Gott. Wenn wir mit ihm auf Du und Du sind, wenn Gott in unserem Leben eine Rolle spielt, wenn wir das Angebot der

Freundschaft Gottes annehmen, dann erscheinen seine Forderungen nicht mehr nur als Einschränkung.

Wo Menschen zusammenleben, brauchen sie Spielregeln für ihr Miteinander. Das leuchtet jedem ein. Die Regeln der Zehn Gebote wollen gar nicht unsere Freiheit begrenzen. Sie wollen vielmehr echte Freiheit ermöglichen. Denn eigentlich sind wir Trieben und Zwängen unterworfen, die oft verhindern, dass unser Leben glücklich wird. Die Zehn Gebote bieten sich als Weg zur Freiheit an: Wer ihn geht, kann glücklich werden – ein Glück finden, das länger dauert als einen Moment.

Gott will das Glück für alle Menschen. Die Zehn Gebote sind uns Wegweiser, Tipps, Ratschläge, Ermunterungen – viele Bilder passen. Gleich, wie wir sie interpretieren und in unser Leben umsetzen: an den Zehn Geboten kommt keiner vorbei, denn sie sind das Grundgesetz Gottes. Mut und Energie brauchen wir, um uns darauf einzulassen. Vertrauen auf Gott zu wagen, das ist ein Schritt zu einem glücklichen Leben.

»Die Zehn Gebote lösen alle Probleme und geben für jede Situation die richtige Anweisung« – wenn's doch nur so einfach wäre ... Ist es nicht vielmehr so, dass es unter bestimmten Umständen sogar geboten ist, zu töten – wenn sich Unschuldige gegen eine Aggression wehren müssen? Ein Ehe aufzulösen – um größeres Unheil für beide Partner zu vermeiden? Zu stehlen – um das Überleben zu sichern? Die Unwahrheit zu sagen – um Verfolgte zu schützen?

Nicht die begründeten Ausnahmen von der Regel sind das Problem, sondern die grundsätzlichen Fragen der Ethik: Was sollen wir tun? Was sollen wir lassen? Was ist gut? Was ist böse? Diese Fragen sind nicht einfach zu beantworten. Wir Christen müssen gemeinsam darüber nachdenken und diskutieren – doch jede und jeder Einzelne muss nach dem persönlichen Gewissen entscheiden und handeln.

Was für die Frage des Glaubens das Glaubensbekenntnis ist, bilden für das Tun die Zehn Gebote: beides sind alte Texte, die uns immer noch etwas zu sagen haben. Um aktuell bleiben zu können, haben wir sie jedoch in unsere Zeit, in unsere Sprache, in unser Denken, in unser Leben in der modernen Welt zu übersetzen.

Als Maßstab gilt so einfach wie eindeutig: Was ich für mich, für meine Familie, für meine Stadt, für mein Land, für meine Kirche, für meine Kultur, für meine Ideale einfordere – eben das muss ich auch den anderen zugestehen. Was man mir nicht zufügen soll, das darf ich selbst auch keinem anderen antun. Nicht Trägheit, Faulheit und Gleichgültigkeit sollen triumphieren, sondern Verantwortung und Mitgefühl.

Jesus wollte kein elftes Gebot verkünden. Als Jude war er selbst den Zehn Geboten verpflichtet und achtete sie. Er fasste die Gebote zusammen, wie es bereits seine Vorfahren im Glauben getan hatten: Liebe Gott und deinen Nächsten!

Jesus spricht nicht von Liebe als Gegensatz zu Hass. Die Menschen hassen ja nicht Gott, sie hassen auch die Armen, Kranken, Unterdrückten nicht. Aber Gott und diese Elenden sind ihnen schlichtweg gleichgültig. Zuneigung kann nicht erzwungen werden, das ist wahr. Doch Liebe heißt mehr als Gefühl und Romantik: Liebe bedeutet: die Gleichgültigkeit überwinden. Liebe heißt auch: Interesse, Einsatz, Teilnahme, Hilfsbereitschaft.

Die Liebe zu Gott kennt viele Ausdrucksweisen; sie ist so persönlich, wie es jeder Mensch auf der Erde ist. Auch die Liebe zu den Menschen ist vielgestaltig; jede und jeder ist aufgerufen, seinen Teil zu erkennen und zu tun. Den Nächsten zu lieben, das sieht in der Schule anders aus als im Geschäftsleben, das hat in der Wissenschaft andere Auswirkungen als in der Politik, das hat natürlich in der Familie ein anderes Gesicht als unter Arbeitskollegen.

Jesus kannte die Menschen. Er wusste, dass sie zuerst an sich selbst denken, für sich sorgen, stets auf ihren Vorteil bedacht sind. Er wusste, Eigenliebe ist sinnvoll und wichtig, denn ein Mensch, der sich selbst nicht mag, ist krank. Und an diesem Punkt setzte er mit seinem Liebesgebot an und erklärte es so: Mit dem Eifer, mit dem du dich selbst liebst, liebe auch Gott und die Menschen!

Der Himmel ist in dir

Die Dämmerung vertreibt die Dämonen der Finsternis. Schlaftrunken blinzeln wir in die matte Helligkeit. Der Tag begrüßt uns lächelnd, auch wenn wir seine Freundlichkeit vielleicht noch nicht erwidern können. Jetzt heißt es, einen Moment innezuhalten und festzustellen: »Ich lebe!«

Der Morgen ist die Zeit der Erwartung. Immer wieder steckt in einem Anfang die Chance zur Veränderung, stecken darin Gelegenheiten zum Glück. »Komm mit«, ruft der Morgen und entschwindet schon wieder im Lärm der Welt da draußen. Nur Mut: Lasst uns ihm trauen und folgen, lasst uns den eigenen Weg gehen. Optimistisch, wie damals als Kind am Morgen unseres Lebens, gestärkt vom Bewusstsein, ein bergendes Zuhause zu haben. Auch wenn Montag ist und eine neue Woche voll Arbeit vor uns liegt, mit allerlei Terminen und Verpflichtungen – sie wird auch Schönes für uns bereithalten.

Also, raus aus dem Bett, den Schritt zum Fenster getan und einen Blick zum Himmel gerichtet: Der Himmel kann uns als Symbol dienen; gern nutzen wir ja den Himmel als sprachliches Bild für unser irdisches Leben.

Unter unserem Himmel, nennt sich eine regionale Fernsehsendung, die Berichte aus der Heimat sendet.

Aber ist der Himmel nicht viel weiter? Er überspannt doch die ganze Welt!

Auf jeden Fall vereint der Himmel alles, wie der japanische Dichter Bashō einst notierte:

Wir schliefen alle unterm gleichen Dach:
Dirnen und Ginsterblüten,
der Mond und ich.

– Der Himmel: ein Dach. Ein anderes sprachliches Bild stammt aus China: »Der Weg des Himmels ist wie ein gespannter Bogen: Das Hohe drückt er nieder, das Tiefe hebt er hoch.« – So lesen wir im Weisheitsbuch »Tao Te King«, das dem chinesischen Philosophen Lao-Tse zugeschrieben wird.

Der Weg des Himmels ist wie ein gespannter Bogen, und dann und wann entlädt sich diese Spannung. Da braut sich etwas zusammen, der Himmel ist in Aufruhr. Blitze erschrecken uns, dumpfe Donner folgen und künden vom nahenden Unwetter. Düstere Wolken ergießen sich brausend. Der Himmel schüttet Wasser aus, als käme die Sintflut doch noch einmal über die Erde.

Auch in den meisten von uns gewittert es bisweilen. Irrungen und Wirrungen erschüttern uns in der Partnerschaft, im Beruf, in der Frage, was wir auf diesem Planeten eigentlich verloren haben. Umbrüche verunsichern uns, wir kennen uns selbst nicht mehr. Gehen wir unter in unseren Problemen? Woher kommt Rettung?

Der Sturm zieht vorüber. Die Sonne bricht sich wieder Bahn und zaubert an den Horizont einen sanft schimmernden Regenbogen. Er ermutigt, doch dem zu vertrauen, der versprochen hat: Alles wird gut. Durch alle Krisen hindurch sind wir aufgerufen, mutig weiterzugehen.

Davon handelt auch der schwedische Kinofilm mit dem Titel *Wie im Himmel*. Er erzählt von einem international erfolgreichen Dirigenten, der in eine Krise gerät. Er sucht Ruhe und Abgeschiedenheit und kehrt dafür in seinen kleinen Heimatort zurück. Der Film bringt dann das, was großes Kino leisten soll: eine zarte Liebesgeschichte. Aber darüber hinaus erzählt er vom Wunder der Musik, die die Menschen in ihren Bann zieht. Die Leute in dem kleinen schwedischen Dorf sind in zahlreiche Konflikte verstrickt. Der Film zeigt in dramatischer Offenheit die melancholische und bittere Seite des Lebens. Und dennoch trägt der Film seinen Titel zu Recht, denn er spricht der Hoffnung und dem Mut den Sieg zu: Wie im Himmel ...

»Wie im Himmel, so auf Erden«, lautet eine Zeile aus dem Vaterunser. Wie im Himmel, so auf Erden soll nämlich der Wille Gottes geschehen. Doch allem Anschein nach geht es zumindest »auf Erden« nicht so zu. Da regieren destruktive Kräfte, da herrschen nur zu oft

Unrecht, Missgunst, Lieblosigkeit. Für diese Zustände wäre das Bild eines Gewitters am Himmel viel zu milde. Denn dass nach dem Sturm ein Regenbogen leuchtet, ist keineswegs sicher.

Franz Kafka hat sein Vertrauen auf den Himmel in eine kleine Parabel gebracht: »Die Krähen behaupten, eine einzige Krähe könne den Himmel zerstören; das ist wahr, beweist aber nichts gegen den Himmel, denn Himmel bedeutet eben: Unmöglichkeit von Krähen.«

Der Himmel ist also ein Ort, ein Zustand ohne Krähen – wenn Krähen das Negative verkörpern, das Zerstörerische, das Laute und Hässliche. Diesen Himmel suchen wir unser Leben lang, ein Dasein in Harmonie und Freude. Wir werden, solange wir auf der Erde sind, wohl immer mit Krähen zu kämpfen haben, uns immer vor Gewittern schützen müssen. Aber diese leidvollen Erfahrungen sollen uns nicht so weit bringen, den Glauben aufzugeben, dass es den Himmel überhaupt gibt.

Für Carlo Carretto, der dem Orden der Kleinen Brüder Jesu angehörte, war der Himmel vor allem Begegnung. Er setzt die Begriffe »Himmel« und »Gott« letztlich gleich. Carretto erinnerte sich: »Als ich ein Kind war, suchte ich Gott, unverwandt ins Licht blickend, das von oben kam.« Später suchte er ihn unter den Menschen oder in der Einsamkeit der Wüste. Als Carretto alt geworden war, erfuhr er die Gewissheit: »Nun, da mein Weg dem Ende zugeht, genügt es mir, die Augen zu schließen, und ich finde ihn in mir.«

Anselm Grün sagt: »Wenn Menschen den Mut haben, in die eigene Tiefe hinabzusteigen, öffnet sich über ihnen der Himmel.« Wer den Himmel sucht, braucht also keine weiten Reisen zu unternehmen. Und doch muss er mutig und ohne Rücktrittsversicherung eine Reise antreten – eine, die nach innen führt. So sieht es Angelus Silesius, der schlesische Poet, der einst dichtete:

O Mensch, wo läufst du hin?
Der Himmel ist in dir.
Suchst du ihn anderswo,
du fehlst ihn für und für.

Gilgamesch

Der sagenhafte sumerische König Gilgamesch herrscht um 2700 v. Chr. in der Stadt Uruk (heute Warka, Irak) mit starker Hand. Nicht nur gegen seine Untertanen – er nimmt es auch mit Riesen und Ungeheuern auf. Denn Gilgamesch – sein Name bedeutet: »Der Alte ist ein junger Mann« – ist zu zwei Dritteln Gott und nur zu einem Drittel Mensch. Aus Angst vor dem Tod zieht er aus, um das Geheimnis der Unsterblichkeit zu finden. Die Angst ist also eine enorme Triebkraft. Sie kann sich zu Courage wandeln ...

Seine Geschichte, das Gilgamesch-Epos, zählt zu den ältesten Sagen der Menschheit und nimmt die Urthemen aller Literatur vorweg: Ich, Liebe, Tod, Macht und Naturgewalt. Gilgamesch macht sich auf die Suche nach Utnapischtim, das ist Noah, der die Sintflut überlebte. Nach vielen Abenteuern findet er den Patriarchen. Der zeigt ihm, wie er im Wasser die magische Rose finden kann, die ewiges Leben verspricht. Die Blume wird Gilgamesch jedoch von der Schlange gestohlen, die sich seither häuten und so erneuern kann. Schließlich trifft Gilgamesch auf die große Göttin Siduri Sabitu, eine Schankwirtin. Sie offenbart ihm die Wahrheit: Die missgünstigen Götter haben alle Menschen zum

Sterben verurteilt. Er soll seine Suche nach Unsterblichkeit aufgeben, lieber heimkehren und dort das Schöne am Dasein auf Erden genießen, solange er kann.

Viele Interpretationen sehen in dieser Sage die Darstellung der Grundprobleme unserer Existenz: Das Ringen mit den Naturgewalten, die gesellschaftlichen Machtkämpfe, Sexualität und Liebe als Ausdruck und zugleich Überwindung der rohen Triebe; die Mühe, den Tod als Teil des Lebens zu akzeptieren; immer wieder das Stoßen an die eigenen Grenzen. Psychologische Deutungen halten die Geschichte für eine Darstellung des Weges zum Bewusstsein des Selbst.

Älteste Funde des überlieferten Textes – vom dem mehrere Versionen erst später zusammengefasst wurden – stammen aus dem 18. Jahrhundert v. Chr. Im 7. Jahrhundert v. Chr. ließ der Assyrerkönig Aschurbanapli das Epos auf großen Tafeln in seiner Hauptstadt Ninive aufstellen. Bis heute fasziniert die Geschichte von Gilgamesch als Ausdruck des menschlichen Wunsches, das eigene Schicksal zu verstehen.

Eine Antwort erhält Gilgamesch von der Schankwirtin Siduri. Sie klärt ihn über die wahren Zusammenhänge auf und gibt ihm Ratschläge, wie er mit der Realität umgehen kann:

Gilgamesch, wohin läufst du?
Das Leben, das du suchst, wirst du sicher nicht finden!
Als die Götter die Menschheit erschufen,
Teilten den Tod sie der Menschheit zu,
Nahmen das Leben für sich in die Hand.
Du, Gilgamesch – dein Bauch sei voll,
Ergötzen magst du dich Tag und Nacht!
Feiere täglich ein Freudenfest!
Tanz und spiel bei Tag und Nacht!
Deine Kleidung sei rein, gewaschen dein Haupt,
Mit Wasser sollst du gebadet sein!
Schau den Kleinen an deiner Hand,
Die Gattin freu' sich auf deinem Schoß!
Solcher Art ist das Werk der Menschen!

Sieh dem Tod ins Auge

Drei Warnungen

im Namen der Mutter
und der Tochter
und der Heiligen Geistin

1.
lebe dein Leben
sonst tun es andere

2.
selig sind die Ungehorsamen
sie werden die Welt verändern

3.
alle Träume
sind vor dem Gesetz gleich

wir sterben
uns noch
zu Tode

Der Tod ist eine Wirklichkeit im Leben. Das weiß buchstäblich jedes Kind, etwa ab dem sechsten Lebensjahr, wie uns Entwicklungspsychologen erklären. Ist auch vieles in unserer irdischen Existenz dem Diktat des Zufalls und der Unsicherheit unterworfen – der Tod ist uns sicher. Todsicher.

Die Menschen aller Zeiten und Kulturen haben sich mit ihm auseinandergesetzt, mit diesem zukünftigen Ereignis, das unser Leben allein durch das Bewusstsein der Sterblichkeit destabilisieren kann.

Die Religionen weisen einen Weg durch den Tod hindurch: Auch wenn der Leib als Leichnam zerfällt, die Seele genießt die Option, in einer anderen Art und Weise fortzubestehen. Seit der Aufklärung aber ist Religion in den Verruf geraten, die Menschen für dumm zu verkaufen und vertrösten zu wollen. Die Gottesidee wird abgelehnt als irrationaler Kokolores: Der Blick ins Weltall oder ins Atom lasse die These, dass eine überweltliche Macht alles zusammenhalte, unwahrscheinlich werden.

Aber – die Menschen halten dagegen. Auch wenn sie sich als nicht religiös bezeichnen, viele sind sich sicher, ihre Verstorbenen nach ihrem eigenen Tod wiederzusehen. Irgendwo, irgendwie. Man kann an ein Leben nach dem Tod glauben, ohne an Gott zu glauben. Man kann ebenso an Gott glauben, aber die Vorstellung eines Lebens nach dem Tod ablehnen. Alles ist möglich, wir wissen es eben nicht. Doch wir dürfen darauf vertrauen, dass wir nicht ins Nichts fallen.

Meiner Erfahrung nach ist allerdings die religiöse Einstellung nicht entscheidend dafür, wie jemand mit der Tatsache umgeht, dass er nur Gast auf Erden ist. Glaube ist keine Garantie für Gelassenheit, es gibt auch Glauben, der Angst macht. Wichtiger scheint zu sein, ob sich ein Mensch tapfer der Realität des Todes stellt.

Verachte nicht den Tod, sondern habe dein Wohlgefallen an ihm, in der Überzeugung, dass auch er zu den Dingen gehört, wie die Natur sie will. Denn ein Vorgang der Art wie Jungsein und Altwerden, Wachsen und Blühen oder wie das Hervorkommen der Zähne, des Bartes, der grauen Haare, das Zeugen, Schwangergehen und Gebären und die übrigen Auswirkungen der Natur sind alles Dinge, die die Jahreszeiten deines Lebens mit sich bringen – solch ein Vorgang ist gerade auch die Auflösung.

So sinniert Mark Aurel, der Philosoph auf dem römischen Kaiserthron, in seinen Selbstbetrachtungen. Er fährt fort: »Es entspricht daher der inneren Einstellung eines denkenden Menschen, dass er dem Tode nicht gleichgültig gegenübersteht, aber auch nicht ungestüm nach ihm verlangt oder ihn gering schätzt, vielmehr muss er auf ihn warten als auf ein Ereignis, das die Natur der Dinge so mit sich bringt.«

Aus diesem Denken spricht eine ungeheure Gelassenheit. Wir kommen und gehen. Der Tod ist wirklich. Ich bin überzeugt, es nutzt unserem Leben, sich diese Wirklichkeit von Zeit zu Zeit bewusst zu machen. Das kann bei Kleinigkeiten anfangen. Für ein Kinderbuch hatte ich den Satz geschrieben: »Alle Menschen sterben.« Ich gab das Manuskript einer pensionierten Grundschullehrerin zu lesen. Sie glättete einige sprachliche Hürden, aber jenen zitierten Satz änderte sie gravierend in: »Alle Menschen müssen sterben.«

Was für ein Unterschied! Im »müssen« steckt Druck, Zwang, Gewalt. Nein, es müssen nicht alle sterben, manche dürfen es auch, und alle können es. Nur, es zu lernen, fällt schwer. Man braucht wohl ein ganzes Leben lang dafür, und ob es dann in der Stunde X gelingt, wird sich erst zeigen.

In der Bretagne sah ich eine wunderbare pädagogische Methode, das Bewusstsein der Sterblichkeit zu fördern. In Kermaria-an-Isquit en Plouha befindet sich eine Kapelle aus dem 13. Jahrhundert. Dieses Gotteshaus wird seit einem halben Jahrtausend von einem seltenen Wandschmuck geziert, einem Totentanz. Siebenundvierzig Figuren jeden Alters und verschiedener sozialer Schichten gehen dort Hand in Hand: der Papst, der Kaiser, der Kardinal, der König, der Ritter, der Bürger, der Offizier, der Arme, der Musikant, der Bauer, der Mönch, das Kind und andere. Und jeweils dazwischen der Tod, ein abgezehrter Leichnam, schelmisch grinsend. »Nicht rückwärts, Erzbischof«, spricht er in einer Inschrift, »immer schön vorwärts gehen.« Und den König neckt der Vortänzer: »Komm, nobler, gekrönter König, du, dessen Kraft und Mut deinen Ruhm sicherstellten. Umgeben von Adel und Pomp, enthüllst du doch deine Schwäche. In meiner Gegenwart bist du sehr allein. Was nützt dir dein Reichtum; auch der reichste Mann hat nur ein Leichentuch.«

Er nimmt jeden irgendwann mit, das beruhigt. Dennoch macht sein freches Grinsen diesen Tod unsympathisch. Aber vielleicht lächelt er uns ja einmal an? Vielleicht können wir uns mit ihm anfreunden? Aus tiefer Überzeugung brach es spontan aus einem alten Freund von mir heraus, als er die Nachricht vom Tod meiner Mutter erfuhr: »Ich gratuliere!« Mein Erstaunen zerstreute er schnell: »Nicht Ihnen, Ihrer Mutter!« Sie war hinübergegangen; sie hatte geschafft, was uns noch bevorsteht.

Der Tod kann uns als Katastrophe treffen. Aber er kann uns auch – wie Franz von Assisi ihn einmal nannte – als unser Bruder begegnen: als jemand, der uns kennt, mit dem wir uns durchaus streiten können, der uns aber letztlich vertraut ist.

Viel Unruhe ist jedem Menschen in die Wiege gelegt worden. Auf allen liegt eine schwere Last, von dem Tag, an dem sie aus dem Schoß ihrer Mutter hervorkommen, bis zu dem Tag, an dem sie zurückkehren in den Schoß der Erde, der Mutter aller Geschöpfe. Ihre Herzen sind voller Angst, ihr Grübeln und ihr besorgtes Fragen kreist um das, was auf sie wartet: um den Tag ihres Todes. Darin geht es allen gleich: dem, der auf strahlendem Thron sitzt, wie dem, der in Staub und Asche kauert; dem, der Purpurgewand und Krone trägt, wie dem, der sich in Lumpen hüllt. [...] Alle Geschöpfe, Menschen wie Tiere, haben das gleiche Schicksal. [...] Alles, was aus der Erde hervorgegangen ist, kehrt auch in die Erde zurück, so wie alles Wasser ins Meer zurückfließt.

Im Buch Jesus Sirach lesen wir diese Betrachtung. Mutig! Ohne frommen Tand werden wir mit der Macht des Todes konfrontiert, einer beängstigenden Macht. Über zweitausend Jahre alt ist diese Meditation und erscheint doch aktuell bis auf den heutigen Tag. Was dort über den Tod geschrieben wurde, mag kalt und hart klingen. Aber man kann es auch als Versuch verstehen, den Abgründen unserer Existenz mutig ins Angesicht zu schauen. Es heißt weiter:

Tod – wie bitter ist der Gedanke an dich für jemand, der zufrieden und sorgenfrei in seinem Heim lebt, dem alles gelingt und der noch genügend bei Kräften ist, um Freuden zu genießen! Tod – wie willkommen ist dein Urteilsspruch für jemand, der in Armut lebt, dessen Kräfte schwinden, der durch hohes

Alter und viele Sorgen lebensmüde geworden ist, sich gegen alles auflehnt und die Geduld verloren hat! Hab keine Angst vor dem Urteilsspruch des Todes! Denk an alle, die dir vorausgegangen sind, und an die, die nach dir kommen. [...] Ob du zehn, hundert oder tausend Jahre lebst, in der Totenwelt fragt niemand mehr danach.

Ob mit oder ohne Jenseitshoffnung: die Tage in Raum und Zeit sind uns anvertraut. Was machen wir mit ihnen? Eine amerikanische Hospizbegleiterin hat Sterbende gefragt, was sie anders machen würden, wenn sie noch einmal leben könnten. Die fünf häufigsten Antworten lauteten:

1. *Ich wünschte, ich hätte die Courage gehabt, mein eigenes Leben zu leben – nicht das, was andere von mir erwartet haben.*
2. *Ich wünschte, ich hätte nicht so viel gearbeitet.*
3. *Ich wünschte, ich hätte die Courage gehabt, meine Gefühle auszudrücken.*
4. *Ich wünschte, ich wäre in Kontakt mit meinen Freunden geblieben.*
5. *Ich wünschte, ich hätte mich selbst glücklicher sein lassen.*

Diese Zusammenfassung schließt mit dem Appell: »Leben ist eine Entscheidung. Es ist DEIN Leben. Wähle bewusst, wähle weise, wähle ehrlich. Wähle die Freude.« –

Ich möchte hinzufügen: Aber wähle selbst! Überlass das nicht den anderen ...

Als mein Sohn noch ein Knirps war, ein Kindergartenkind, hatte ich mit ihm ein Erlebnis, an das ich heute noch oft denke. Irgendwas hatte damals den kleinen Mann ganz traurig gemacht. Er weinte, was das Zeug hielt, und ließ sich kaum trösten. Dann zog er die Rotznase hoch und ermutigte sich selbst: »Wenigstens halten zwei immer zu mir!«

»Wer denn?«, wollte ich wissen.

Er antwortete: »Gott und ich selbst.«

Damals tat mir das ein bisschen weh. Denn natürlich hätte ich mich gefreut, er hätte mich als einen der beiden genannt – ich halte ja auch zu meinem Sohn. Doch andererseits beneidete ich ihn: Wer nämlich sich selbst vertraut, den haut so schnell nichts um. Und wer sich von Gott getragen weiß, der lässt sich nicht unterkriegen, was auch immer geschieht, im Leben und im Tod. Er kann mit Courage ein freies Leben gestalten.

Niemals

Niemals sollst du
den Mut verlieren,
geschlagen werden,
vor Angst zittern.

Niemals sollst du
mit Hunger einschlafen müssen,
vor Einsamkeit weinen,
unschuldig eine Strafe erdulden.

Niemals sollst du
denken, alles sei sinnlos,
das Gefühl haben, niemand sei für dich da,
vergessen, dass Gott dich immer trägt.

Literatur

Altenburg, Matthias: Courage. Anstiftung zum Ungehorsam. Köln 2012

Birnstein, Uwe: Das Beste aus der Bibel. Würzburg 2010

Brecht, Bertolt: Mutter Courage und ihre Kinder. Frankfurt am Main 2013

Bukowski, Peter: Humor in der Seelsorge. Neukirchen-Vluyn 2009

Hartwig, Renate: Du hast nichts zu verlieren außer deiner Angst. München 2010

Jörns, Klaus-Peter: Update für den Glauben. Gütersloh 2012

Koch, Samuel. Zwei Leben. Asslar 2012

Koranyi, Max: Tapferkeit. Tugend zwischen Mut und Zivilcourage. Werkblatt der Katholischen Landvolkbewegung. Bad Honnef 2011

Pianta, Jean-Paul: Die Kunst, ein Floß zu steuern in stürmischen Zeiten. Frankfurt am Main 2010

Roth, Fritz in: Georg Schwikart (Hg.): Jesus und ich. Ein Lesebuch für Glaubende und Zweifler. Kevelaer 2012

Schürmann-Mock, Iris in: Georg Schwikart (Hg.): Jesus und ich. Ein Lesebuch für Glaubende und Zweifler. Kevelaer 2012

Schwikart, Georg: Dichter dran. Praktische Poesie. Gedichte. Sankt Augustin 2006

Schwikart, Georg: Überleben. Latente Lyrik über Leben. Gedichte. Sankt Augustin 2008

Schwikart, Georg: Das Fest findet statt. Gewöhnliche Gedichte. Sankt Augustin 2011

Schwikart, Georg Rhythmusstörung. Verdichtetes Leben. Sankt Augustin 2012

Vilar, Esther: Der dressierte Mann. München 1998

Wendsche, Bernd in: Ulfried Kleinert (Hg.): Gesicht zeigen. Radebeul 2006